羽毛球教学与训练

杨敏丽　编著

北京体育大学出版社

策划编辑：佟　晖
责任编辑：佟　晖
责任校对：未　茗
版式设计：李　鹤

图书在版编目（CIP）数据

羽毛球教学与训练 / 杨敏丽编著. -- 北京：北京体育大学出版社, 2011.12（2023.8重印）
ISBN 978-7-5644-0723-0

Ⅰ. ①羽… Ⅱ. ①杨… Ⅲ. ①羽毛球运动－体育教学②羽毛球运动－运动训练 Ⅳ. ①G847.2

中国版本图书馆CIP数据核字(2011)第253744号

羽毛球教学与训练　　**杨敏丽　编著**

出版发行：北京体育大学出版社
地　　址：北京海淀区农大南路1号院2号楼2层办公B-212
邮　　编：100084
网　　址：http://cbs.bsu.edu.cn
发 行 部：010-62989320
邮 购 部：北京体育大学出版社读者服务部 010-62989432
印　　刷：北京建宏印刷有限公司
开　　本：710mm × 1000mm　1/16
成品尺寸：170mm × 240mm
印　　张：10
字　　数：167千字
版　　次：2011年12月第1版　2016年3月第2版
印　　次：2023年8月第9次印刷
定　　价：25.00元

目　　录

第一章　羽毛球运动简介 …………………………………………………… (1)

第一节　羽毛球运动的起源与发展 ………………………………………… (1)

第二节　羽毛球场地、器材 ………………………………………………… (4)

第二章　羽毛球运动基本技术 ……………………………………………… (8)

第一节　握　拍 ……………………………………………………………… (8)

第二节　发球技术 …………………………………………………………… (10)

第三节　接发球技术 ………………………………………………………… (15)

第四节　击球技术 …………………………………………………………… (17)

第五节　步　法 ……………………………………………………………… (52)

第三章　羽毛球运动基本技术训练 ……………………………………… (62)

第一节　握拍与挥拍练习 …………………………………………………… (62)

第二节　单项击球技术练习 ………………………………………………… (62)

第四章　羽毛球运动基本战术 ……………………………………………… (81)

第一节　单打战术 …………………………………………………………… (81)

第二节　双打战术 …………………………………………………………… (105)

第五章　羽毛球竞赛规则及比赛编排 …………………………………… (119)

第一节　国际羽联羽毛球规则（中英文对照） ………………………… (119)

第二节　羽毛球比赛编排 …………………………………………………… (147)

第六章　羽毛球运动常见损伤的预防和一般处理 ……………………… (154)

第一章　羽毛球运动简介

羽毛球是一项隔着球网，使用长柄网状球拍击打平口端扎有一圈羽毛的半球状软木的室内运动。依据参与的人数，可以分为单打和双打。相较于性质相近的网球运动，羽毛球运动对选手的身体素质要求并不很高，却比较讲究耐力，极适合东方人发展。

第一节　羽毛球运动的起源与发展

一、羽毛球运动的起源

相传在14世纪末，日本出现了把樱桃插上美丽的羽毛当球，两人用木板来回对打的运动。这便是羽毛球运动的雏形。

19世纪中期，在印度的蒲那（Poona）城，出现类似今日羽毛球活动的游戏，以绒线编织成球形，上插羽毛，参与者手持木拍，隔网将球在空中来回对击。这种游戏流行时间不长便消失了。

现代羽毛球运动诞生在英国。大约在19世纪的70年代，一些英国军人把在印度学到的蒲那（Poona）游戏带回国，作为茶余饭后的消遣娱乐活动。1873年的一天，在英国格拉斯哥郡的伯明顿（Badminton）镇有一位叫鲍弗特的公爵，在他的庄园举行浦那游戏，比赛引人入胜，妙趣横生。随着游戏规则水平的不断提高，技术也日益成熟，从而诞生了现代羽毛球运动，“伯明顿”（Badminton）即成为羽毛球的英文名字。未出10年，这种室内游戏便从小小的伯明顿镇迅速传播开来，成为大众喜闻乐见的活动。正是这种大众娱乐性活动的广泛开展，创建了举世闻名的全英羽毛球锦标赛，把群众性运动发展成了竞技性运动。

二、羽毛球运动的发展

1877 年，第一本羽毛球比赛规则在英国出版。

1893 年，在英国成立了世界上第一个羽毛球协会。1899 年，该协会举办了第一届“全英羽毛球锦标赛”，每年举办一次，沿袭至今。

羽毛球运动从斯堪的纳维亚到英联邦各国，20 世纪初流传到亚洲、美洲、大洋洲，最后传到非洲。

1934 年，成立了国际羽毛球联合会，总部设在伦敦。

1939 年，国际羽毛球联合会通过了各会员国共同遵守的《羽毛球竞赛规则》。

20 世纪 20 年代到 40 年代，欧美国家的羽毛球运动发展很快，其中英国、丹麦、美国、加拿大的水平相当高。50 年代亚洲羽毛球运动发展很快，马来西亚取得两届汤姆斯杯赛冠军。同时印度尼西亚队在技术和打法上有所创新，很快取得了霸主地位。60 年代以后羽毛球运动的发展逐渐移向亚洲。

1981 年 5 月，国际羽毛球联合会恢复了中国在国际羽联的合法席位，揭开了国际羽坛历史上新的一页，从此进入了中国羽毛球选手称雄世界的辉煌时代。

在 1988 年汉城奥运会上，羽毛球被列为表演项目，1992 年巴塞罗那奥运会成为正式比赛项目，1996 年亚特兰大奥运会混双列为比赛项目。从此羽毛球运动进入新的发展时期。

2006 年，在试行了 3 个月后羽毛球新规则正式实施，在当年的汤姆斯和尤伯杯赛中首先采用。

三、羽毛球运动的赛事

目前，由国际羽联主办的世界重大羽毛球比赛如下。

（一）汤姆斯杯

世界男子团体羽毛球锦标赛。1948 年举行第一届比赛，现为 2 年一届，在偶数年举行。比赛由三场单打、两场双打组成。历史上夺得汤姆斯杯冠军最多的国家是印度尼西亚队，共 11 次。

（二）尤伯杯

世界女子团体羽毛球锦标赛。1956年举行第一届比赛，2年一届，在偶数年举行。比赛由三场单打、两场双打组成。历史上夺得尤伯杯冠军最多的国家是中国队，共11次。

（三）世界羽毛球锦标赛

世界羽毛球单项锦标赛。设有男女单打、双打和混合双打5个比赛项目。1977年起开始为3年一届，1983年改为2年一届，在奇数年进行。2005年改为每年一届，但奥运年不举办。

（四）苏迪曼杯

世界羽毛球混合团体比赛。1989年开始举办，2年一届，在奇数年举行，比赛由男女单打、男女双打组成。

（五）世界杯羽毛球赛

属于邀请性比赛，由国际羽联邀请当年成绩优异的选手参加。创办于1981年，1997年国际羽联决定从1998年起改为主办由世界顶尖级选手参加的明星赛，并准备尝试奖金丰厚的羽毛球大满贯赛事。

（六）全英羽毛球锦标赛

由英格兰羽毛球协会于1899年创办，是世界上历史最悠久的羽毛球赛事。最初由英国和英联邦国家选手参加，现在已成为全球性的羽坛大会战。

（七）奥运会羽毛球比赛

羽毛球1992年进入奥运会，当时只设单项比赛，没有团体比赛，也没有混双项目。1996年亚特兰大奥运会起增设混双项目。

（八）国际系列大奖赛

国际羽联参照世界网球大奖赛办法组织的。始于1983年。比赛分成若干区，由许多比赛组织成系列。根据运动员在各次比赛中的成绩积分，进行排名，前 16 名进行总决赛。这主要包括各类公开赛和超级赛。

第二节　羽毛球场地、器材

一、场　地

羽毛球场成长方形，长度为 13. 40 米，双打场地宽为 6. 10 米，单打场地宽为 5. 18 米。各条线宽均为 4 厘米，丈量时要从线的外沿算起。球场界限最好用白色、黄色或其他易于识别的颜色画出。场地如图 1 所示。

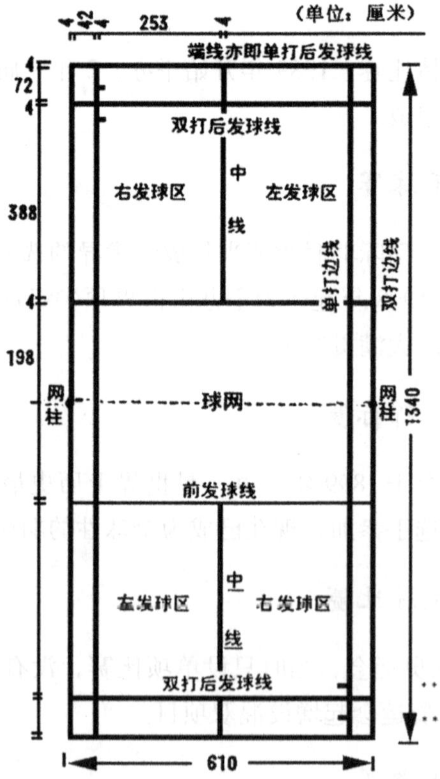

图 1

二、球　网

羽毛球网长度与与双打场地宽度一致，即6.10米，宽度为0.76米，球网上沿应用白布镶边。球场中央网高1.524米，双打边线处网高1.55米，按国际比赛规定，整个球场上空空间最低为9米，在这个高度以内，不得有任何横梁或其他障碍物，球场四周2米以内不得有任何障碍物。任何并列的两个球场之间，最少应有2米的距离。球场四周的墙壁最好为深色，不能有风。

三、器　材

工欲善其事，必先利其器。挑选合适的羽毛球器材是打好羽毛球的条件之一。羽毛球器材有羽毛球、球拍及弦。

（一）羽毛球

1. 羽毛球球毛的分类

优质的羽毛球必须采用鹅刀毛，如果采用的是鸭刀毛或其他的毛片，它的品质就很难保证。

球毛的分类非常复杂，由于目前还没有国家统一制定的分类编号标准，各个生产厂家生产的羽毛球的标号都是自定的，不同产家如果有同样标号的产品并不能表示它们的品质是一样的。在同一只羽毛球上采用的16根羽毛必须是同一类而且要尽量相似，越是高档的产品采用的16根毛片越要一致，才能保证产品的飞行品质。（图2）

图2

2. 羽毛球球头的分类

按照所用的材料进行分类，常见的有硬质塑料、泡沫塑料、软木三种，前两种主要用于低档的娱乐性用羽毛球，成本较低，性能较差。中高档的羽毛球都是采用天然软木质的球头，而软木球头又大致可以分为整体软木球头、复合软木球头、再生软木球头三类。

可以看出，最好的球头当然是采用整体天然软木；采用复合方式的球头，成本较低也不太容易断裂，但是如果击球的力量较大，容易将下部的再生软木部分打散，从而影响击球的性能；而再生软木球头成本较低，其飞行和击打性能比采用非软木材料的球头要好，虽然它的耐打性较差但却能满足特定用户的需求。

（二）羽毛球球拍

羽毛球球拍一般由拍头、拍杆、拍柄及拍框与拍杆的接头构成（图3）。一支球拍的长度不超过68厘米，其中球拍柄与球拍杆长度不超过40厘米，拍框长28厘米，宽23厘米。随着科学技术的发展，球拍的发展向着重量越来越轻、拍框越来越硬、拍杆弹性越来越好的方向发展。

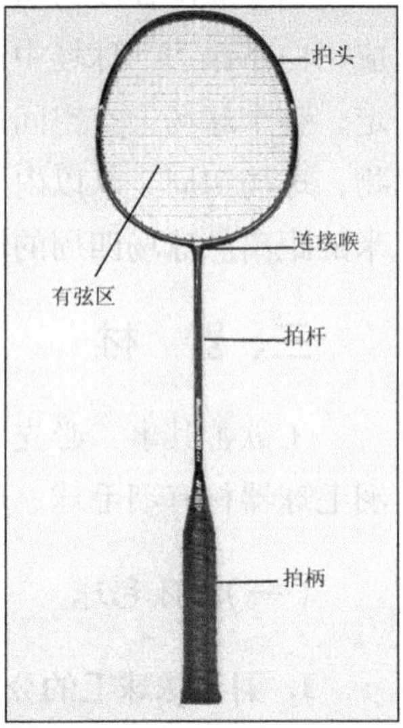

图3

现在的球拍按材料不同可分为铁拍、铝拍、铝碳一体、碳拍。现在专业选手用的都是碳拍，所谓碳拍是指拍框和拍杆是硬度更高、弹性更强、重量更轻的碳制成的球拍，一般分为全碳素一次成型和全碳素二次成型两种。一次成型即拍头、拍杆通过模型一次制成；二次成型是先制成拍杆，待检验其强度、硬度后再通过模型制成拍框。至于铝碳一体一般是指拍杆是碳杆，拍头是铝制成的类似碳拍的球拍。而碳拍、铝碳一体和铁拍、铝拍最大的差别就是连接喉，碳拍、铝碳一体看起来是一个整体，而铁拍、铝拍则不然。

一般说来，力量好的、进攻型的人，选用拍头上部硬一点（即球拍重心靠前）的球拍。力量小或防守型的人，选用重心靠后一点的球拍。

（三）羽毛球拍弦

一支球拍的性能如何，除了材料和制作工艺，与羽毛球弦也有很大关系，也就是说材料、制作工艺、弦决定了一支球拍的性能。好的羽毛球弦一般弹性和手感较好，耐打性并不好，贵的羽毛球弦更适合在比赛时使用。目前，市场上比较高级的羽毛球球拍，一般都没有上拍弦，而是让人们根据自已的情况来配制适宜的弦并控制上弦的松紧度。

羽毛球球拍的弦种类很多，主要有化纤弦、尼龙弦、羊肠弦、牛筋弦等。

（1）化纤弦是最常使用的高档弦，是目前正式比赛专业选手所选用的拍弦。它吸取了各种弦的长处，避免了各自的短处，具有既牢固可靠，又有极佳弹性的特点。但是这种弦制作工艺复杂，价格昂贵。

（2）羊肠弦弹性较好，但易断，易磨损。

（3）尼龙弦弹性稍差，易随气候变化而热胀冷缩，冬天发脆易断，但价格最便宜。

（4）牛筋弦较结实，价格也低，但弹性差。

穿弦时要注意弦的磅数（张力），原则上不超过球拍上标注的最大张力。一般力量小的拉低点的磅数（20～23 磅以下），力量大的拉高点的磅数（24～26 磅）。磅数低的省力、控球好，但杀伤力弱，磅数高的速度快，但费力不易控制。如果力气小的打高磅拍，则打不远；力量大的打低磅拍，则发挥不了自己的力量进攻优势。另外，磅数太高了容易断弦，球拍也会受到不同程度损伤。同时对穿弦的人的技术要求也是很高的，如果在穿弦的过程中划伤拍弦，会使羽弦在使用时容易断裂，特别是在拍框附近的弦断裂有很大可能是穿弦时受到损伤所致。

另外还要注意，羽毛球弦使用时间长了，它的磅数、性能会降低，有条件的需要适时更换。弦打断后最好换新弦，修补的弦张力不均匀，影响性能。弦打断后应立即剪掉，以防止张力不均引起球拍变形、断裂。

（四）甜点、甜区

拍头横弦与竖弦的中央交叉点，称作甜点，所谓甜区就是球拍面的最佳击球区（图4），甜点亦即甜区的中央点，球与拍面的接触应在甜区。当击球点在甜区时能给你最佳的控球性和足够的击球威力，震动感很小，手感舒适。甜区的大小与拍框形状有关，方形 ISO 设计的拍框比传统蛋形拍框的甜区要大，约大出了 32%，而采用 ISO－MF 设计的球拍的甜区又比普通 ISO 要大一些，当然并不是拍头越大就越好，拍头的加大会带来扭力和重量方面的负面影响。

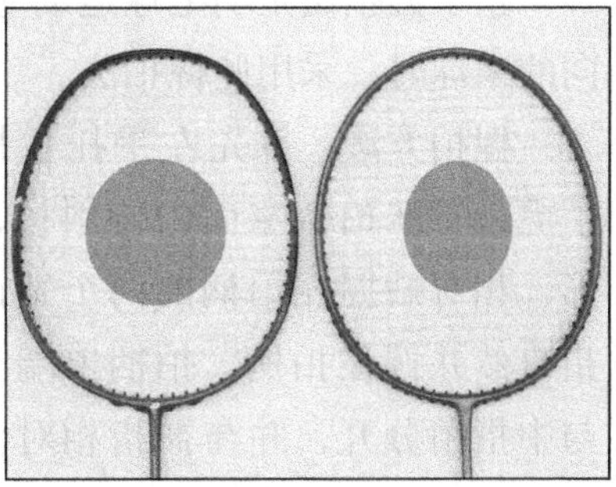

图 4

第二章　羽毛球运动基本技术

本书技术讲解均以右手持拍为例。

第一节　握　拍

手掌与球拍拍柄接触的方式称为握拍。每个羽毛球技术动作都有各自相应的握拍和指法，从不同角度击球或击出不同路线的球也要有相应的不同握法。不同的运动员完成同一个技术动作，可采用不同的握法和与之相配合的指法。

正确而灵活多变的握拍方法，是击球手法的前提条件，握拍要有利于手腕的发力，能控制击球力量的大小和击球的飞行方向。

一、正手握拍

正手握拍法是羽毛球运动基本握拍方法之一，通常在还击握拍手身体同侧方向的来球时，采用此握拍法。

握拍方法：首先左手托住拍杆，拍头垂直地面，右手虎口对准拍柄窄面内侧斜棱，拇指和食指成“V”字形，相对贴握在拍柄的两个宽面上，中指、无名指和小指自然并握住拍柄，拍柄末端与小鱼际外缘齐平。食指与中指稍分开，并与拇指相对，掌心与拍柄应留有空隙（图5），便于以后做勾球、推球动作。握拍后手臂自然前伸时，拍面与地面基本上保持垂直（图6）。

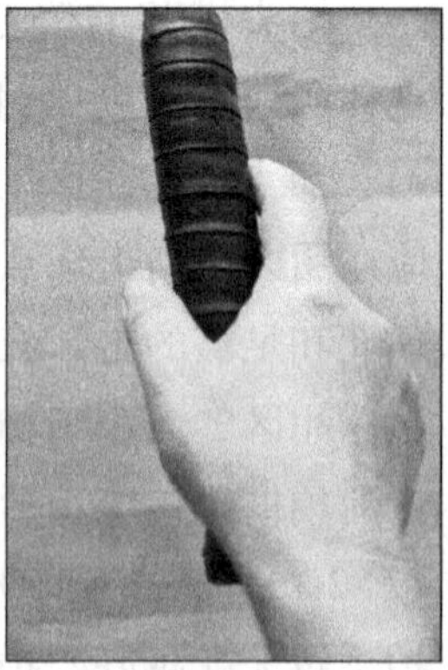

图5

图6

击球之前握拍要放松、自然，切忌握拍太紧，否则影响手腕的灵活性。只在击球的一瞬间才握紧球拍发力，完成击球动作。

二、反手握拍

反手握拍法是羽毛球运动基本握拍方法之一，通常在还击握拍手身体另一侧方向的来球时，采用此握拍法。

握拍方法：在正手握拍法的基础上，拇指和食指将拍柄向外转，食指稍向中指收拢，拇指内侧贴在拍柄的内侧棱上或内侧宽面上。手臂伸直握拍时，拍面平行于地面（图7）。

图7

第二节　发球技术

发球是羽毛球每一个回合的开始，也是唯一不受对方限制的羽毛球技术。发球既是羽毛球的基本技术，也是羽毛球战术的重要组成部分。羽毛球发球虽不能像乒乓球发球那样使球产生各种旋转，但它可以通过不同的发球手法，发出不同弧度、不同落点的球来控制对方。发球质量可以直接影响一个回合比赛的主动与被动，因此，羽毛球的发球应引起初学者的高度重视。

发球可分为正手发球和反手发球。一般来说，发网前球、平射球、平高球均可以用正手发球或反手发球的技术来完成。而发高远球，则须采用正手发球，原因是反手挥拍距离较短。球应发在有效发球区内，即前发球线、单打边线中线和底线围成的区域，分左右两区。图 8 是四种发球方法球的飞行轨迹。

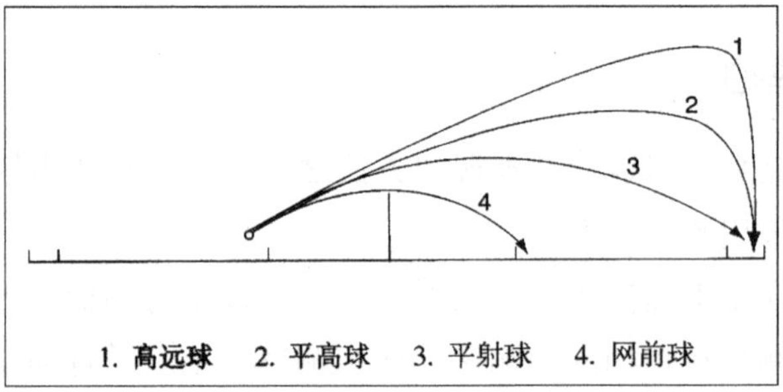

图 8

一、正手发球

用正手发球，不管采用哪种方法，发球动作均要求协调一致，这样会给对方的接发球造成判断上的困难。

（一）高远球

球的运行轨迹又高又远，下落时与地面垂直，落点在对方场区底线附近的球叫高远球。单打比赛时，常采用这种发球迫使对方退到最远的底线去接发球。如果发出的高远球质量好，就可在一定程度上限制对方一些进攻技术的发挥，使对方在接高远球时不容易马上组织进攻。在对方体力不支时，发高远球也可以使对方消耗更多的体力。

1. 站　位

单打发球在中线附近，站在离前发球线约 0.7 米，距中线约 0.2 米的位置。双打发球站位可靠近前发球线。

2. 准备姿势

身体左肩侧对球网，两脚自然分开基本与肩同宽，左脚在前，脚尖朝网；右脚在后，重心在两脚之间；右手持拍向右后侧举起，肘部放松微屈，左手拇指、食指和中指夹住球，举在胸前，两眼注视对手的站位、姿势、表情。

3. 引　拍

身体稍向左转，重心移至右脚，右臂摆向右后上方。

4. 击　球

松开手指，让球落下，身体由侧面转向正面，重心由右脚移至左脚，提起右脚跟。当球落到右手臂向前下方伸直能触到球的一刹那，握紧球拍，并利用手腕的力量向前上方发力击球。

5. 随前、收拍及还原

击球之后，球拍顺势向左上方挥动，收拍于左肩上方，然后回收至胸前成正手握拍形式。

高远球发球如图 9 ~ 图 12 所示。

图 9

图 10

图 11

图 12

（二）平高球

这是一种比高远球低、速度较高远球快、具有一定攻击性的发球方法。

发球动作要领：发球的动作过程大致同发高远球，只是在击球的一刹那，小臂加速带动手腕向前上方挥动，拍面要向前上方倾斜，以向前用力为主，击球后立即制动收拍。发平高球时要注意发出球的弧度以对方跳起击打不到球的高度为宜，并应发到对方场区底线。

（三）平射球

这种球比平高球的弧线还要低、速度还要快。在对付反应较慢、站位较前、动作幅度较大的对手或是初学者时，效果往往很好。

发球动作要领：准备姿势亦同发高远球。站位比发平高球稍后些（防对方很快回球到本方后场），充分利用前臂带动手腕爆发力向前方用力，球直接从对方的肩稍上高度越过，直攻对方后场。发平射球的关键是出手的动作要小而快，挥拍线路是向前方而非上方。但前期动作应和发高远球一致。发平射球时还应注意不要过手、过腰犯规。

（四）网前球

发网前球是在双打比赛中主要采用的发球技术。单打比赛时，如发高球，怕遭到对方球速较快的直接攻击时；或为了主动改变发球方式借以调动对方时采用。

发球动作要领：准备姿势同发高远球，引拍时不必过多向右转，击球时，握拍要放松，大臂动作要小，主要靠小臂带动手腕，在球拍接触球时从右向左斜面切削击球，用力要轻。发网前球时应注意手腕不能有上挑动作，另外，落点要在前发球线附近，发出的球要贴网而过，以免遭对方扑杀。

网前球发球如图 13 ~ 图 17 所示。

图 13

图 14

图 15

图 16

图 17

二、反手发球

反手发球的特点是动作小、出球快、对方不易判断，较之正手发球隐蔽性好，威胁也更大。

1. 发球站位

站在前发球线后 10～50 厘米及发球区中线的附近，也可以站在前发球线及场地边线附近的地方（双打比赛中，从右场区发球时可以看到）。

2. 准备姿势

面向球网，两脚前后站立（左脚或右脚在前均可），上体稍前倾，身体重心在前脚上，后脚跟提起，右手反手握拍，屈肘并抬起，手腕前屈以便发力；将球拍横举在腰间，左手拇指、食指和中指捏住羽毛，球托明显朝下（避免犯规），球体与拍面平行或球托对准拍面放在拍面前方。

3. 发球动作要领

击球时，小臂带动手腕朝前横切推送。发网前球时，用力要轻，切击球托的侧后部；发平高球时，手腕由屈突然变直，向前上方挥动，让球突然飞越接发球者，飞向后发球线；发平射球时，击球瞬间突然发力击球托后部，击球时拍面要有“反压”动作，让球较快、较平飞向接发球者的后场靠近中线区域。

反手发球如图 18、图 19 所示。

图 18

图 19

第三节　接发球技术

羽毛球比赛中，有发球的一方，就有接发球的另一方。发球的一方通过不同的发球为本方赢得主动，而接发球的一方也要通过各种接发球为自己赢得主动。因此，接发球质量的高低，决定着一个回合比赛的主动与被动。

一、站　位

单打接发球站位：在右场区接发球时，站在有效发球区中间偏中线的位置，这个位置可以接网前球、后场球，也容易对付对方以平射球偷袭反手位；在左场区接发球时，站在有效发球区中间的位置，可以应对各种发球。

双打接发球站位：由于双打每一方有两人配合，接发球可直接进攻，所以对方发网前球较多。鉴于此，在右场区接发球时，站位比单打站位靠近前发球线；左场区接发球的站位亦然。

二、准备姿势

（一）单　打

图 20

左脚在前，脚掌全部触地，脚尖对网，右脚在后，脚尖斜对右前方，前脚掌触地，后跟提起，双膝微屈，便于起动，重心在左脚上；正手握拍，屈肘举在胸前，左手自然举起，保持身体平衡；眼睛盯住对方发球队员，观察对方发球姿势及表情，以判断对方发球方式。（图 20）

（二）双　打

基本同单打，由于双打接发球可以直接进攻，举拍要比单打高，膝关节更屈，以便能直接后蹬起跳击打过顶高球。

（三）接各种发球

（1）对方发来高远球或平高球时，可用平高球、吊球或杀球还击。

（2）对方发来网前球时，可用高远球、平高球、网前球或平推球还击，遇对方发来质量不高的来球时，还可用扑球还击。

（3）对方发来平射球时，可用平推球、平高球还击。由于接发球方击球点较高，回球时可用力下压以争取主动。

总之，接发球时，要根据自己和对手的站位、反应速度、移动速度和技术能力，以及对手的发球质量，采用合适的击球技术进行接发球。

第四节 击球技术

一、高远球技术

（一）上手正手击高远球

1. 准 备

判断来球落点，击球点在右肩稍前上方，快速侧身移动至此处。左肩对网，两脚分开与肩同宽，重心落在右脚上；右手正手握拍屈臂，举于右侧，左手上举，以助身体平衡；双眼向上注视来球，拍面对网。

2. 引 拍

球拍上提并后引，躯干微成反弓形；身体同时左转或面向球网，右肘上提，拍框向身后下摆，达到引拍最大距离。

3. 击 球

后脚蹬地、向左转体、收腹，肘部向前摆动，前臂旋内加速向前上方挥动。同时，屈腕并握紧拍柄，运用拇指和食指的顶、压，产生出最大的爆发力。在持拍手臂伸直能触到球的位置，以正拍面击打球托底部，将球击出至对方底线。左手顺势放下至体侧，协助转体动作。

4. 随前、收拍

击球后顺势向左下方减速摆臂，身体左转，左手顺势放下至体侧，协助转体动作，收拍于左侧下方。

5. 回 位

右脚蹬地回到场地中央，将球拍收至体前成准备姿势。

上手正手击高远球如图 21 ~ 图 24 所示。

图 21

图 22

图 23

图 24

（二）上手头顶击高远球

1. 准　备

大致同上手正手击高远球，只是球的落点在左肩或头顶左后上方，侧身稍向左后仰。

2. 引拍、击球

左脚后蹬，收腹，上臂带动前臂，挥动球拍绕过头顶，前臂内旋，向左上方用力击球，将球回击至对方底线。

3. 随前、收拍、回位

击球后拍向左下减速，收拍于左前下方；将拍回收至体前，回到场地中央成准备姿势。

上手头顶击高远球如图 25 ~ 图 28 所示。

图 25

图 26

图 27

图 28

（三）上手反手击高远球

1. 准　备

对方将球从左侧击来时，身体迅速左转，右脚先行移动到位。背对球网，重心在右脚上，击球点在右肩上方，移动中迅速由正手握拍转为反手握拍。

2. 引　拍

上臂平举、屈肘，使前臂平放于胸前，球拍放至左胸前，拍面朝上。

3. 击　球

由上臂带动前臂，利用手腕“闪动”，前臂快速向斜右上方甩去，拇指顶压拍柄，两脚蹬地转体，产生较强爆发力，用正拍面击打球托后下部，将球击出至对方底线。

4. 随前、回位

击球后重心随即从右脚移至左脚，迅速转体，恢复成正手握拍，持拍于体前，回到场地中央成准备姿势。

上手反手击高远球如图 29 ~ 图 31 所示。

图 29

图 30

图 31

（四）下手正手底线击高远球

1. 准　备

采用正手交叉步后退步法到位，重心落在右脚上。

2. 引　拍

球拍在移动中经右下后摆至右肩上，再后摆至右后下方，手腕后伸前臂稍外旋。

3. 击　球

前臂内旋向前挥拍，同时手腕屈收，用力将球击到对方底线。

4. 随前、回位

击球后，惯性挥拍至身体左侧；转体回到场地中央，持拍于胸前成准备姿势。

下手正手底线击高远球如图 32 ~ 图 34 所示。

图 32

图 33

图 34

（五）下手反手底线击高远球

1. 准　备

采用反手后退步法到位，背对球网。

2. 引　拍

移动过程中引拍于右后下方。

3. 击　球

前臂外旋，触球瞬间伸展手腕，拍面对准球托后下部，向前上方挥动，将球击向对方底线。

4. 随前、回位

击球后，身体向右回转，左脚向右脚跟进一步，右脚向前方跨一步，左脚跟进回位至场地中央，回收球拍持于胸前成准备姿势。

下手反手底线击高远球如图 35 ~ 图 37 所示。

图 35

图 36

图 37

（六）下手中场正手挑高远球

1. 准备、引拍

预判来球位置，右脚向右侧跨一步到位，同时稍向右后摆动上臂，前臂稍外旋，手腕最大限度后伸。

2. 击球、随前、回位

右前臂略外旋，使拍面向上挥动，触球瞬间手腕快速屈收，将球击到对方底线。击球后前臂随拍挥至体前上方，收回右脚，回收球拍于胸前成准备姿势。

下手中场正手挑高远球如图 38 ~ 图 41 所示。

（七）下手中场反手挑高远球

1. 准备、引拍

根据来球落点及当时的站位点，右脚向左跨步（或左脚向左后侧跨步），身体向左后侧转，引拍至左下侧，前臂内旋，拍面朝上。

2. 击球、随前、回位

前臂向前上方用力挥动击球，击球瞬间握紧拍柄，拇指顶压宽柄面，手腕后伸，将球击到对方底线。击球后，身体回转，回收球拍于胸前成准备姿势。

下手中场反手挑高远球如图 42、图 43 所示。

图 38

图 39

图 40

图 41

图 42

图 43

（八）下手正手网前挑高远球

1. 准备、引拍

左脚以垫步向前移，右脚向网前跨一大步，球拍引向来球落点后方，前臂外旋，手腕后伸，引拍于右侧下方。

2. 击球、随前、回位

前臂内旋、屈腕并挥拍向前上方，以正拍面发力击打球托后下部，将球回至对方底线；击球后随即制动收拍，垫步迅速回位成准备姿势。

下手正手网前挑高远球如图 44、图 45 所示。

图 44

图 45

（九）下手反手网前挑高远球

1. 准备、引拍

左脚向左前移一步，身体稍左转，右脚向左前跨步到位形成弓步，向左下方引拍，拍面朝上。

2. 击球、随前、回位

手腕伸，手臂向上挥动，将球击到对方底线。击球后左脚跟进一小步，球拍随惯性向前上方减速，回位成准备姿势。

下手反手网前挑高远球如图 46 ~ 图 48 所示。

图 46

图 47

图 48

二、平高球技术

击平高球是比赛中快速进攻的主要技术之一，可以在场地任何一点，将球回击到对方底线，是直接进攻或主动过渡以创造进攻机会的有效手段。平高球较之高远球飞行时间短，飞行速度快，其弧度以能高过对方跳起击球的高度为准。对方若移动速度慢，则可运用平高球控制对方底线两角，使其在匆忙后退中回出低质量球，从而为本方进攻创造出机会。

平高球分为上手正手击平高球、上手反手击平高球和上手头顶击平高球三种。

击平高球的准备、引拍、击球和随前与击高远球基本一致，只是在击球点上拍面仰角小于击平高球的拍面仰角，与地面接近垂直，使击出的球弧度低，速度快。

三、平射球技术

平射球比平高球飞行弧度更低，速度更快，对移动慢的对手，威胁更大。平射球只适用于两边线直线球。

平射球分为上手正手击平射球、上手反手击平射球和上手头顶击平射球三种。

平射球击球法的准备、引拍、击球和随前与击高远球基本相同，不同之处在于击球时拍面垂直于地面。

四、吊球技术

把对手击来的后场高球，以向下的弧度还击到对方的网前区，称吊球。吊球分为正手吊球、反手吊球和头顶吊球三种；按击球动作的不同和球的飞行弧线又分为快吊（劈吊）、慢吊（轻吊、近网吊）和拦截吊（图49）。

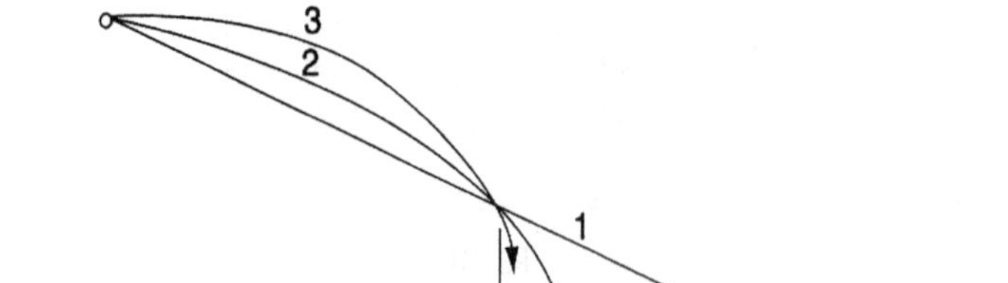

图49

（一）正手吊球

正手吊球的准备、引拍、击球和随前与上手正手击高远球基本相同，只是击球时改变拍面角度，并向球的运行方向减速挥拍，手腕快速切削下压。若快吊对角网前时，拍面向对角方向减速挥去，切削球托右侧后下部并向左下方发力，使球直线快速飞向对方对角网前；若快吊对方直线，则拍面正对前方减速挥拍，轻切球托正面后下部，使球直线快速飞向对方网前。慢吊时击球力量比快吊要轻，球以弧线飞行；拦截吊击球力量更轻，球飞行的弧度更高，落点比慢吊更近网。（图 50 ~ 图 53）

图 50

图 51

图 52

图 53

（二）反手吊球

反手吊球的准备、引拍、击球和随前与上手反手击高远球基本相同，不同的是击球时拍面的掌握和力量的运用。击球时拍面稍后仰，即拍面与地面夹角稍大于90°，手腕内收闪动，并有前推动作，以免吊球挂网。吊直线球时，以球拍反面切击球托后中部，向对方右半场网前发力；吊对角时，以球拍反面切击球托左侧，向对方左半场网前发力。（图 54 ~ 图 56）

图 54

图 55

图 56

（三）头顶吊球

头顶吊球的准备、引拍、击球和随前与上手正手头顶击高远球基本相同，不同的是击球时拍面的角度和击球力度的掌握。快吊对角网前，拍面向对角方向减速挥去，击球时手腕外展闪动，切削球托左侧后下部并向右下方发力，使球直线快速飞向对方对角网前；若快吊对方直线，则拍面正对前方减速挥拍，击球时手腕内收闪动，轻切球托右侧后下部，使球直线快速飞向对方网前。慢吊时用力比快吊要轻，使球成弧线飞行，落点比快吊更近网。（图 57 ~ 图 59）

图 57

图 58

图 59

五、杀球技术

杀球是在后场或中场争取尽量高的击球点，并全力将球由上到下，向对方中、后场区扣压下去的一种技术。杀球时球的力量最大，速度最快，在比赛中是进攻直接得分的重要手段。

（一）正手原地跳杀球

1. 准备、引拍

判断来球落点（击球点在右肩前上方），两脚分开，右脚在后，侧身对网，屈膝降低重心。两脚掌蹬地起跳，空中收腹、向左转体，上臂向上摆起，前臂外展、屈肘，手腕充分后伸，拍头向下，以加长挥拍距离。

2. 击球、随前、回位

前臂快速挥拍向右肩前上方，击球时，前臂内旋，手指握紧拍柄，手腕闪动内收发力，以正拍面击打球托后部，使球快速向下直线飞行。若正拍面对直线方向，则杀出直线球；正拍面对对角方向，则杀出斜线球。击球后，前臂惯性回收至体前，落地后右脚在前，左脚在后。回位成准备姿势。

正手原地跳杀球如图 60 ~ 图 64 所示。

图 60

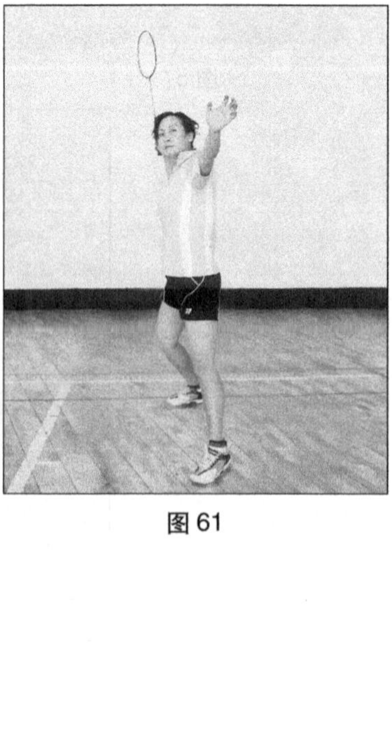

图 61

图 62

图 63

图 64

（二）正手突击杀球

1. 准备、引拍

向右侧身，同时右脚后退一步，紧接着蹬地起跳，腾空后身体后仰，右上臂向上伸，前臂外展、屈肘，手腕充分后伸，拍头向下，以加长挥拍距离。

2、击球、随前、回位

前臂挥拍向前上方，内旋，击球时握紧拍柄，手腕屈收闪动击球，以此产生的爆发力将球击出，使球快速向下直线飞行。击球后，前臂随惯性回收至体前，落地后右脚在后，左脚在前。回位成准备姿势。

正手突击杀球如图 65、图 66 所示。

图 65

图 66

（三）头顶杀球

1. 准备、引拍

左脚后移一步，侧身，右脚迅速向左后退一大步并立即起跳，身体后仰呈反弓形，空中转体，收腹。引拍与上手正手头顶击高远球基本相同。

2. 击球、随前、回位

与正手原地跳杀球基本相同。

头顶杀球如图 67 ~ 图 70 所示。

图67

图68

图69

图70

（四）反手杀球

1. 准备、引拍

判断来球落点，向左转身，以前交叉步移动到位，使击球点位于身体后上方，移动中转换成反手握拍，引拍至胸前，右肩稍内收。

2. 击球、随前、回位

前臂由左前下方向身体后上方挥拍，利用左脚蹬力及腰腹、肩部的力量，由上臂带动前臂，快速外旋，击球时手腕后伸下压，以反拍面闪动击打球托后部，使球快速向下直线飞行。击球瞬间拍面向正前下方压，为杀直线球；拍面向斜前下方压，为杀斜线球。击球后将拍收至体前，迅速转体回位。

六、网前击球技术

网前击球技术包括搓球、勾球、放网前球、推球、扑球等。其中搓、推、勾、扑属主动进攻技术，威胁性大。在比赛中，一个高质量的搓球、推球、勾球、扑球常能直接得分或使对手陷于被动，为下一拍创造进攻机会。其技术要求击球前期动作一致，击球刹那产生突变。

（一）搓球技术

搓球击球法是从距网顶三分之一处或更高点，球拍由上向下弧线挥动，搓切球托的左、右侧或底部，使球向右侧或左侧旋转、翻滚过网。

搓球击球法分为正手搓球和反手搓球两种。

1. 正手搓球

（1）准备、引拍

右脚在前，左脚在后，两脚间距离略比肩宽。右手握拍自然举于胸前，身体略向前倾；左脚向右脚前方交叉，右脚向右前上方跨步，步伐移动同时，前臂外旋、手腕稍后伸，将拍引向右前上方。

（2）击球、随前、回位

右手拇指和食指夹住拍柄，其余手指轻握拍柄（握紧球拍不利于手指和手腕的活动而影响发力），前臂外旋，手腕由后伸向前稍作内收闪动，由上向下画弧线捻动球拍，在右脚落地同时，利用手腕和手指的力量，搓切球托的右侧底部，将球击出，使球旋转翻滚过网（触球时拍头低于框、柄接点）。来球离网的距离和速度，决定击球的力量、速度和拍面击球的角度。来球离网远，速度快时，搓球力量大些，反之则搓球力量小些。击球后将球拍收至胸前，右脚回收，回位成准备姿势。

正手搓球如图 71 ~ 图 73 所示。

图 71

图 72

图 73

2. 反手搓球

（1）准备、引拍

准备同正手搓球。左脚向左前方移动一步，右脚跨步移向球网左前方，移动时变为反手握拍，前臂上举，手腕前屈，手背基本与网顶平高，拍面低于网顶，完成引拍。

（2）击球、随前、回位

来球离网远时，前臂前伸、内旋，手腕由内收至外展，利用手腕和手指的力量捻动球拍，由上向下画弧线，在右脚落地同时，以反拍面搓切球托的左侧底部，将球击出，使球旋转翻滚过网，为由外向里搓球；来球离网近时，前臂前伸、内旋，利用手腕和手指的力量捻动球拍，前臂外旋，手腕由屈至伸，由下向上画弧线，以反拍面搓切球托的左侧底部，将球击出，使球旋转翻滚过网，为由里向外搓球。击球后将球拍收至胸前，恢复成正手握拍，右脚回收，回位成准备姿势。

图 74 ~ 图 76 所示为由外向里搓球，图 77 ~ 图 79 所示为由里向外搓球。

图 74

图 75

图 76

图 77

图 78

图 79

（二）放网前球技术

放网前球是一种网前的被动击球技术，主要用于来球离网较远、被动情况下的过渡。与搓球的区别是击球点低于腰际，击球时不搓切球托，球回击过网后垂直下落，而不是旋转翻滚过网，落点近网。

1. 正手放网前球

（1）准备、引拍

基本同正手搓球。

（2）击球、随前、回位

在低于腰际的击球点，手腕向上轻提，以正拍面碰击球托底部，将球回击过网，使球近网垂直下落。随前、回位同正手搓球。

2. 反手放网前球

（1）准备、引拍

基本同反手搓球。

（2）击球、随前、回位

在低于腰际的击球点，手腕向上轻提，以正拍面碰击球托底部，将球回击过网，使球近网垂直下落。随前、回位同反手搓球。

（三）推球技术

推球是把对方击来的网前球推击到对方后场两底角去，球的飞行弧线较低平，速度较快。

推球分为正手推球和反手推球两种。

1. 正手推球

（1）准备、引拍

准备基本同正手搓球。左脚从右脚前向右前方移动一步，右脚向网前右区跨一步，前臂随步法移动伸向右前上方，外旋，手腕稍向后伸球拍随之向右下后摆，拍面正对来球，完成引拍。

（2）击球、随前、回位

击球时，前臂内旋并带动手腕由后伸至屈闪动，同时食指推压拍柄，将球击出。击球点在右肩侧前，拍面正对直线，推击球托后底部，则推出直线球；击球点近右肩侧前时，拍面对斜线，推击球托右后底部，则推出对角线球。击球后，收拍于胸前，右脚回收，回位成准备姿势。

正手推球如图 80 ~ 图 82 所示。

图 80

图 81

图 82

2. 反手推球

(1) 准备、引拍

准备同正手推球。左脚向左前方移动一步，右脚向网前左区跨一步，前臂随移动将拍引至左胸前。肘关节稍屈，手腕外展，并将握拍变为反手握拍，手心向下。

(2) 击球、随前、回位

击球时前臂稍外旋，手腕从外展到伸直闪动，中指、食指和无名指瞬间握紧拍柄，拇指顶压拍柄。击球点在左侧前，反拍面正对直线并推击球托后部，为推直线球；当击球点近左侧前时，反拍面对斜线并推击球托左后底部，则为推对角线球。

反手推球如图 83 ~ 图 85 所示。

图 83

图 84

图 85

（四）勾球技术

勾球是把对方击来的左、右两边网前球，用勾的动作，将球回击到对方对角网前的技术。勾球分正手勾球和反手勾球两种。

1. 正手勾球

（1）准备、引拍

与正手搓球相同。

（2）击球、随前、回位

击球时，前臂稍内旋，手腕由后伸至内收闪腕，正拍面拨击球托右侧下部，使球向对方对角网前掠网坠落。击球后回收球拍至胸前，回位至中线靠左处。

正手勾球如图 86、图 87 所示。

图 86

图 87

2. 反手勾球

（1）准备、引拍

准备同反手搓球。移动中前臂前伸，使拍面距网顶 20 厘米，反拍面对来球，完成引拍。

（2）击球、随前、回位

击球时前臂外旋，手腕由稍屈至后伸闪腕，拇指内侧和中指将拍柄往右侧拉收，其他手指同时握紧拍柄，拨击球托左侧后部，使球沿对角方向，飞向对方网前。击球后回收球拍至胸前，回位成准备姿势。

反手勾球如图 88、图 89 所示。

图 88

图 89

（五）扑球技术

扑球是将对方击来的网顶上方 10～20 厘米的球，以最快速度向下扑压的一项网前技术，其动作小，出手快，手腕爆发力强，给对方造成的威胁最大，常能直接得分。

扑球包括正手扑球和反手扑球两种方法。

1. 正手扑球

（1）准备、引拍

准备同正手搓球。左脚先蹬离地面，紧接着右脚蹬地跃向右网前，蹬跃过程中，前臂持拍稍上伸，略外旋，手腕后伸，完成引拍。

（2）击球、随前、回位

击球时，利用手腕由后伸到前屈闪动发力，将球击出。如来球离网顶较近，则靠手腕由右前向左前“滑动”扑球（拨球），以免触网。击球后球拍随手臂往右下侧回收，回位成准备姿势。

正手扑球如图 90、图 91 所示。

2. 反手扑球

（1）准备、引拍

准备同正手扑球。左脚先蹬离地面，右脚向左网前蹬地跃起，蹬跃中转换成反手握拍，前臂前伸将球拍上举，拇指顶住拍柄宽面，其余手指并拢，完成引拍。

图 90

图 91

(2) 击球、随前、回位

击球时手臂伸直外旋，带动手腕由内收至外展，拇指顶压加速挥拍，其余手指握紧球拍，将球击出。若来球靠近网顶，则手腕外展由左向右拉切击球，以免触网。击球后，立即屈肘，右脚着地屈膝作缓冲，收拍于体前，回位成准备姿势。

反手扑球如图 92、图 93 所示。

图 92

图 93

七、中场击球技术

中场击球技术分为抽球技术、快挡技术和快打技术三种，是双方处于攻防转换，互相抗争时经常采用的一种中场技术。

（一）抽球技术

抽球是将头部以下、腰部以上、身体左右两侧的来球，用抽击的动作，将球回击过网，使球过网后向下飞行，其特点是速度快，是中场的一种主动进攻技术两种。

抽球分为正手抽球和反手抽球。

1. 正手抽球

（1）准备、引拍

准备同正手搓球。右脚稍向右前迈出一小步，左右脚间距离比肩稍宽，身体稍向右倾，微屈膝收腹，球拍举于右肩前，前臂后摆、外旋，手腕后伸，引拍至体后。

（2）击球、随前

击球时前臂向前挥动，由外旋至内旋，手腕由后伸至伸直闪腕，手指握紧拍柄，发力将球平抽过网。击球后手臂顺势左摆，左脚向左前迈进一步，准备迎击下一个来球。

正手抽球如图94～图96所示。

图94

图95

图 96

2. 反手抽球

(1) 准备、引拍

准备同正手抽球。左脚向左前跨一步，身体稍向左转，重心落在左脚，反手握拍，肘部稍上抬，前臂内旋收于身前，手腕外展，完成引拍。

(2) 击球、随前

击球时前臂外旋，手腕外展伸直闪腕，拇指前顶，其余手指握紧拍柄，击打球托后底部，将球平抽过网。击球后球拍顺势反盖过去，挥向右侧，并随回动收于胸前。

反手抽球如图 97 ~ 图 99 所示。

图 97

图 98

图 99

（二）快挡技术

快挡是将速度快、位于体前的来球，借助其力量，用正反拍弹击，将球击回到对方网前区，它是双打的反攻战术。

快挡分正拍快挡和反拍快挡两种。

1. 正拍快挡

（1）准备、引拍

准备同正手搓球。右脚向右跨一步到位，身体右转，手臂右伸，前臂外旋，手腕外展，完成引拍。

（2）击球、随前

击球时，借助来球力量，前臂内旋，闪腕轻击球托后底部，将球直线挡回对方网前区。如将拍面朝向斜线，轻击球托右侧，则将球对角挡回对方网前区。击球后向左转体，右脚向前一步，正面对网，球拍随之收至体前。

正拍快挡如图 100 ~ 图 102 所示。

2. 反拍快挡

（1）准备、引拍

准备同反手搓球。稍向左转体，反手握拍向左下侧摆，手腕内收，完成引拍。

（2）击球、随前

击球时借助来球力量，手指握紧拍柄，闪腕击球托后底部，将球直线挡至对方网前区；拍面对斜线，闪腕击球托左侧下部，则将球对角挡至对方网前区。击球后身体右转，正面对网，球拍随转动收至体前。

图 100

图 101

图 102

（三）快打技术

快打是在中场迎击肩上方至略高于头部的平球，其特点是快速、凶狠，球过网后向下飞行，是双打由守转攻最具威胁性的技术。

快打技术分为正手快打和反手快打两种。

1. 正拍快打

（1）准备、引拍

两脚分开站立，两脚间距离稍比肩宽，两膝弯曲成半蹲式，右前臂上举，持拍于右肩上方。上臂稍向右前上方提起，前臂稍向后摆，外旋，手腕后伸，完成引拍。

（2）击球、随前

击球时，前臂由外旋至内旋，手腕由后伸至前屈闪腕，击打球托后部，使球急速、平直飞向对方中场区附近。击球后球拍顺势前盖，迅速将球拍从左下方回收至前上方，以便迎击下一次来球。

正拍快打如图 103 ~ 图 105 所示。

图 103

图 104

图 105

2. 反拍快打

(1) 准备、引拍

两脚平行站立，两脚间距离稍比肩宽，右前臂持拍上举于右侧前。右前臂左摆，向左转体，左脚向左侧迈一小步，前臂内旋，手腕外展，引拍于左侧后。

(2) 击球、随前

击球时，前臂外旋，手腕伸直闪动，手指握紧拍柄，击打球托后部，使球快速、平直向前飞行。击球后迅速将球拍回收至前上方，准备迎击下一次来球。

八、接杀球技术

接杀球是指将对方扣杀过来的球还击回对方场区的技术，是实战中的一个重要环节，接杀球技术运用得当，常能转守为攻，变被动为主动，甚至能直接得分。

准确判断、快速反应、快速起动、快速移动及站位得当、回球落点变化多，是掌握好接杀球技术必备的素质。具备这些素质后，可采用挡网前球、挑后场球、平抽、快打等技术来完成接杀球技术。

第五节　步　法

羽毛球比赛时，运动员在场上为了到达合适的位置击球，而采取的快速、合理、准确的移动方法，称为步法。步法是羽毛球运动最基本的技术，它和手法相辅相成，有了步法才能完成手法，二者缺一不可。

羽毛球步法在实际运用时可分为上网步法、后退步法和两侧移动步法。羽毛球步法由垫步、交叉步、蹬步、跨步、跳步、并步等组成，每一步法一般都是从场地中心位置开始。

根据运动员在场上的位置和来球的远近，可采用一步到位击球或两步、三步移动到位击球。右手握拍者，到位击球时的最后一步一般都是右脚在前，而左脚总是靠近中心位置。

一、上网步法

上网步法是指完成上网搓球、推球、勾球、扑球及挑球的步法，它包括跨步上网步法、垫步加蹬步上网步法、前交叉步加蹬跨步上网步法、后交叉步加蹬跨步上网步法、蹬跳步上网步法。不论采用哪种步法上网击球，上网前的站位及准备姿势基本相同，即两脚站立约同肩宽（一般右脚在前左脚稍后），两膝稍有弯曲，两脚前脚掌着地，后脚跟稍提起。上体稍前倾，持拍于体前，双眼注视对方来球。

（一）跨步上网步法

1. 两步跨步上网步法

左脚先向来球方向跨出一步，左脚落地同时，紧接着右脚向前跨出一大步到位击球。图 106 所示为右侧两步跨步上网步法，图 107 所示为左侧两步跨步上网步法。击球后右脚蹬地迅速回位至球场中心位置。

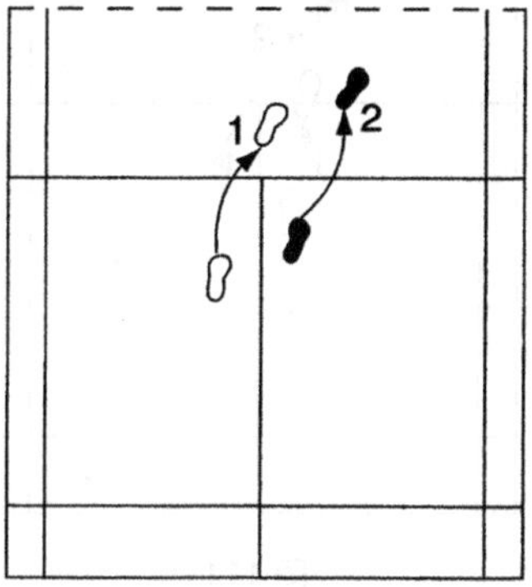

图 106

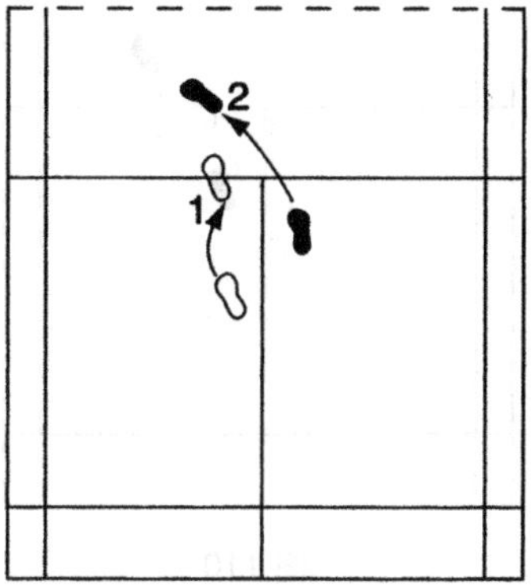

图 107

2. 三步跨步上网步法

右脚先向来球方向跨出一小步，接着左脚向前跨出一步，右脚再跨出一大步到位击球。图 108 所示为右侧三步跨步上网步法，图 109 所示为左侧三步跨步上网步法。击球后右脚蹬地迅速回位至球场中心位置。

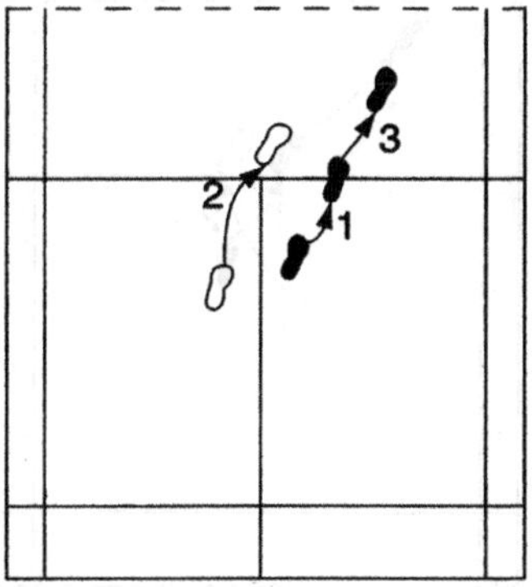

图 108

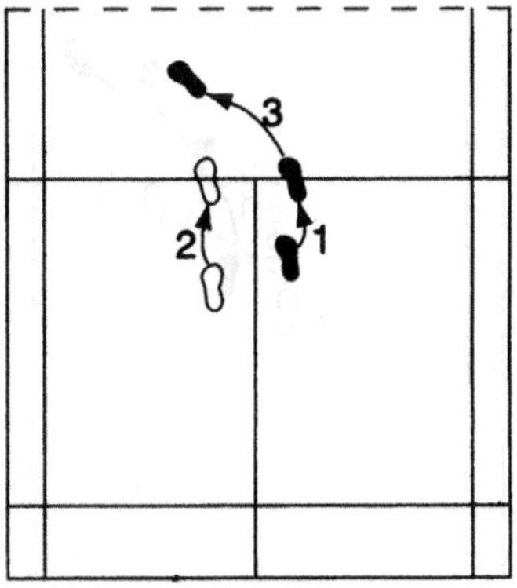

图 109

（二）前交叉步加蹬跨步上网步法

左脚先向来球方向迈出一步，落地同时右脚抬起，利用左脚蹬地跨出一大步，到位击球。图 110 所示为右侧前交叉步加蹬跨步上网步法，图 111 所示为左侧前交叉步加蹬跨步上网步法。击球后右脚蹬地迅速回位至球场中心位置。

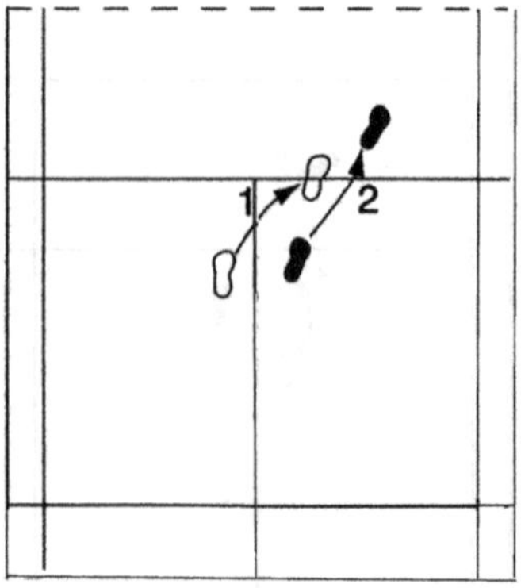

图 110

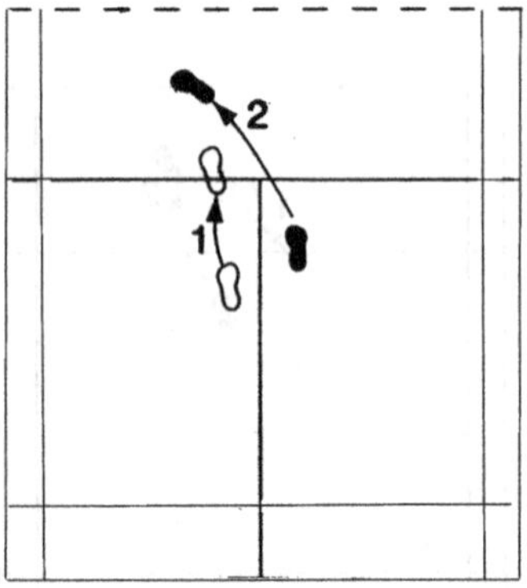

图 111

（三）后交叉步加蹬跨步上网步法

右脚向来球方向迈出一小步，接着左脚从右脚后迈出第二步，落地时蹬地，使右脚迎来球跨出一大步到位击球。图 112 所示为右侧后交叉步加蹬跨步上网步法，图 113 所示为左侧后交叉步加蹬跨步上网步法。击球后右脚蹬地迅速回位至球场中心位置。

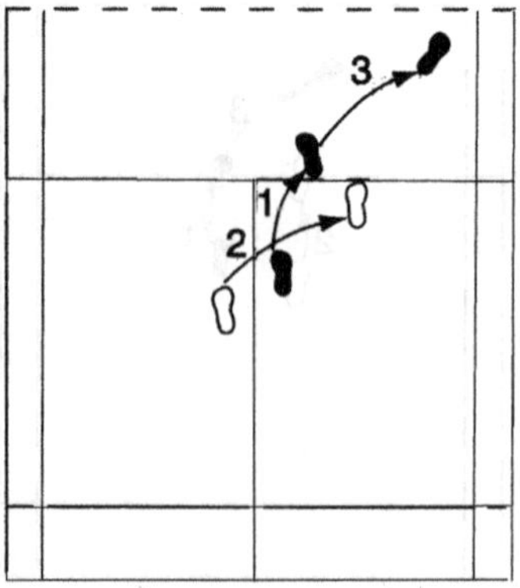

图 112

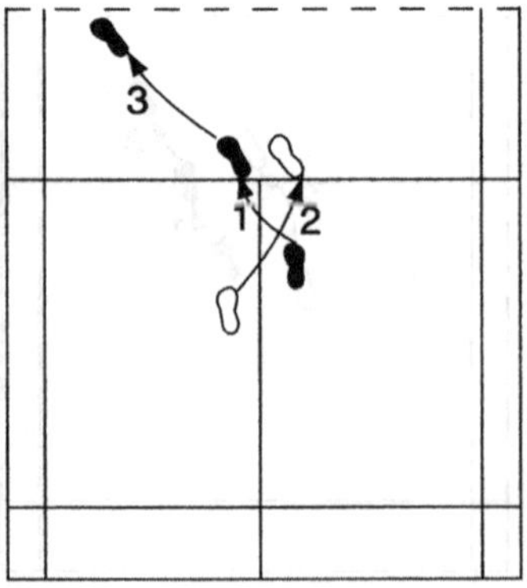

图 113

（四）蹬跳步上网步法

蹬跳步上网是利用脚的蹬力，迅速扑向球网，争取高点击球时采用的步法。采用这种步法时站位稍靠前，判断到对方有打网前球的意图时，右脚蹬地跳向网前（图114、图115），采用扑球技术击球。右脚落地后应立即制动，以防止因冲力过大触网或脚过中线犯规。击球后右脚蹬地迅速回位至球场中心位置。

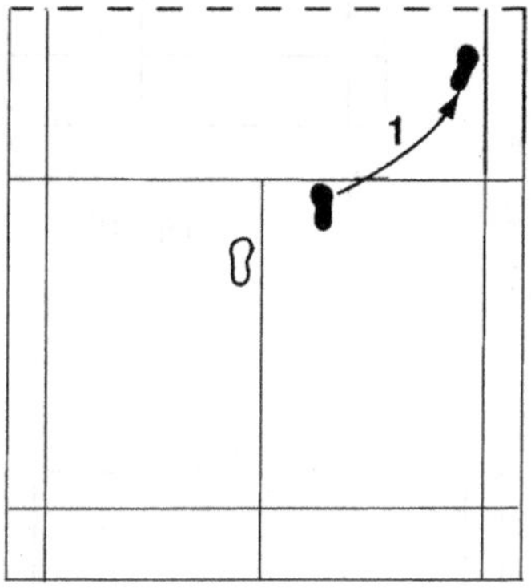

图114

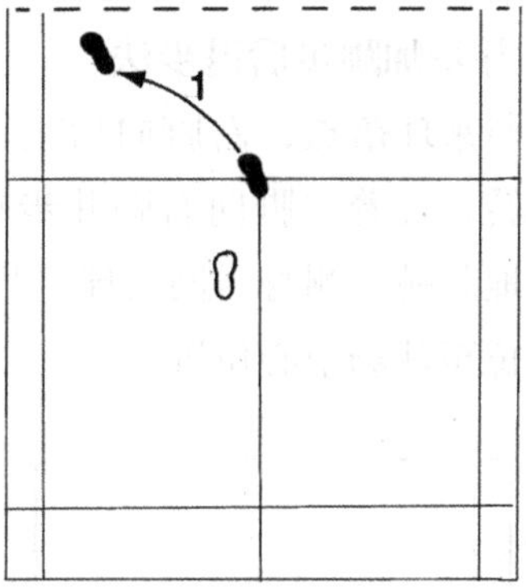

图115

二、后退步法

从中心位置移动到后场各个击球点位置上击球的步法称为后退步法。后退步法是完成后退回击高远球、吊球、杀球和后场抽球的步法，包括正手后退步法、头顶后退步法、反手后退步法等。站位及准备姿势基本同上网步法。

人的生理结构决定了向前移动易于向后移动，特别是向左后的移动，难度更大，因此，向后移动要求具有较高的身体灵活性和协调性。

（一）正手后退步法

正手后退步法有并步后退步法、交叉步后退步法及并步加跳步后退步法三种。

1. 并步后退步法

判断来球落点，右脚向后退一步，带动身体向右侧转，接着左脚向右脚并步靠近，右脚再后移一步到位，侧身准备击球（图116）。击球后迅速回位至球场中心位置。

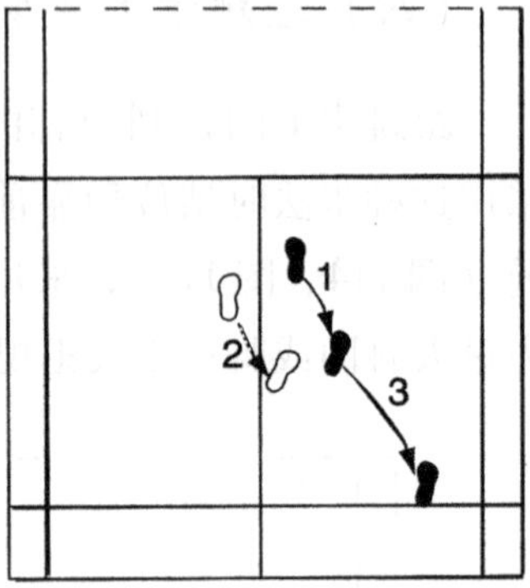

图 116

2. 交叉步后退步法

判断来球落点，右脚向后退一步，带动身体向右侧转，接着左脚向右脚后交叉后退一步，右脚再后移一步到位，侧身准备击球（图117）。击球后迅速回位至球场中心位置。

3. 并步加跳步后退步法

判断来球落点，右脚向后退一步，带动身体向右侧转，接着左脚向右脚并步靠近，最后两脚同时蹬地起跳，侧身对网击球（图118）。击球后迅速回位至球场中心位置。

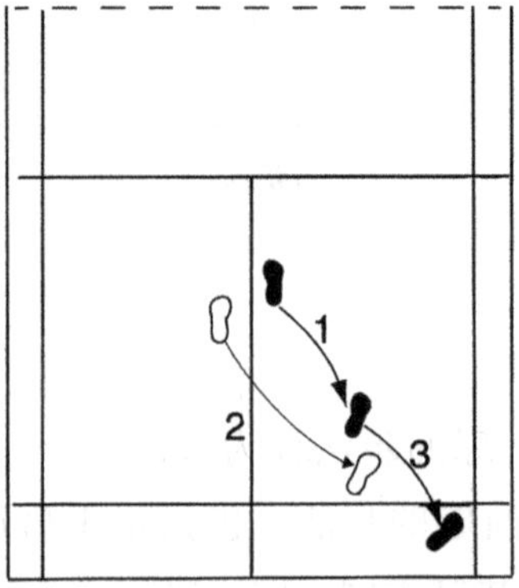

图 117

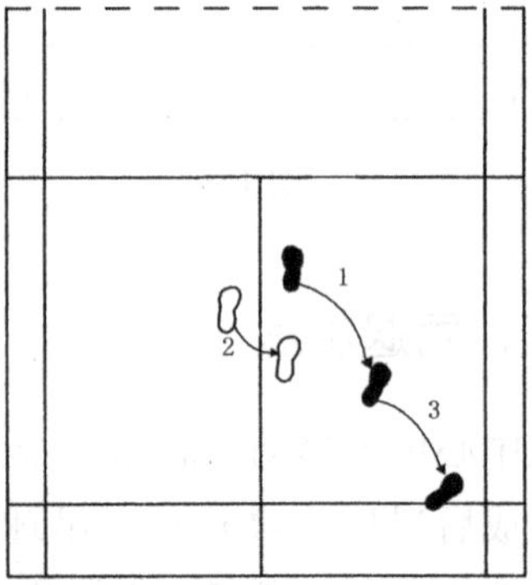

图 118

（二）头顶后退步法

头顶后退步法是来球至左后场区，用头顶击球技术还击来球时采用的后退步法。头顶后退步法有头顶并步后退步法、头顶交叉步后退步法及头顶侧身步加跳步后退步法三种。

1. 头顶并步后退步法

判断来球落点，右脚向右后方大角度蹬转后退一步，接着左脚并步靠近右脚，右脚再向后移动到位，身体稍后仰，侧身对网准备击球（图 119）。击球后迅速回位至球场中心位置。

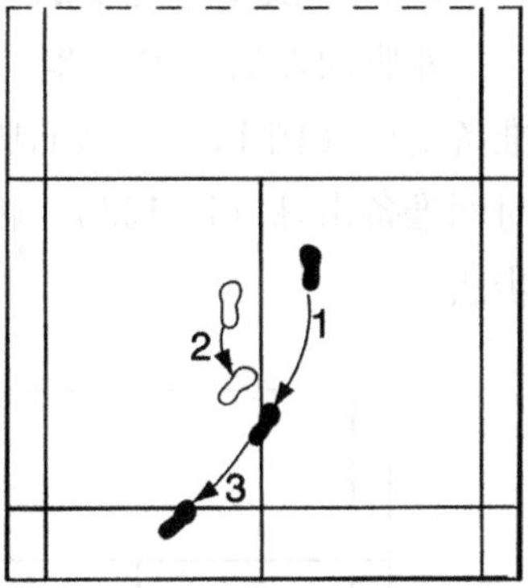

图 119

2. 头顶交叉步后退步法

判断来球落点，右脚向右后方大角度蹬转后退一步，接着左脚从右脚后交叉向后退一步，右脚再向后移动到位，身体稍后仰，侧身对网准备击球（图 120）。击球后迅速回位至球场中心位置。

3. 头顶侧身步加跳步后退步法

判断来球落点，右脚向右后方大角度蹬转后退一步，紧接着右脚向后方蹬地跳起，上体后仰，凌空中完成击球动作（图 121）。左脚在空中向右脚后交叉先落地，右脚落地后蹬地快速回位至场地中心位置。此步法常用在快速突击抢攻打法中。

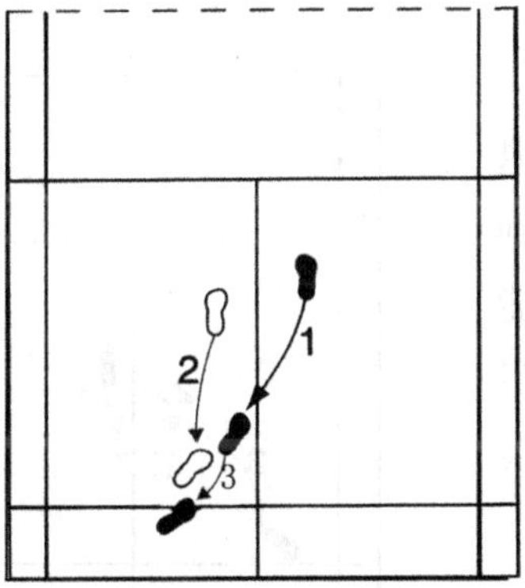

图 120

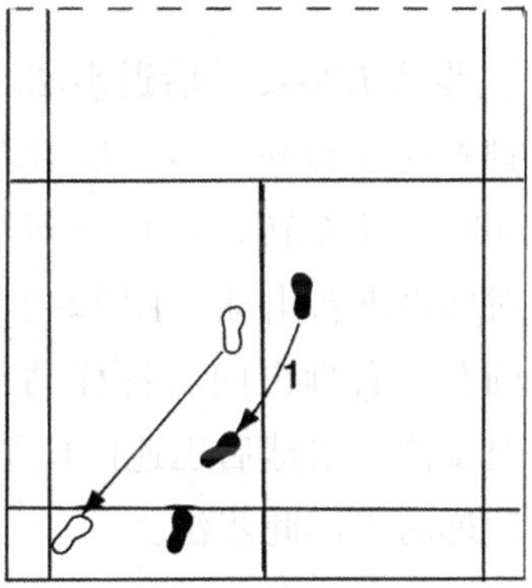

图 121

（三）反手后退步法

当来球落点位于身体左后反手位，用反手击球技术还击来球时采用的后退步法。分为两步反手后退步法及三步或五步反手后退步法。

1. 两步反手后退步法

左脚向左后方退一步，同时上体左转，右脚向左后方跨一步，背对球网到位准备击球（图 122）。或右脚先向后撤一步，左脚向左后方退一步到位，侧身右肩对网准备击球（图 123）。击球后迅速回位至球场中心位置。离来球较近时采用此步法。

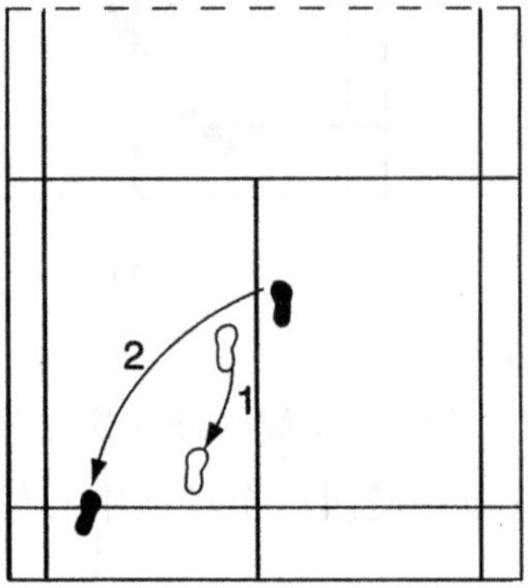

图 122

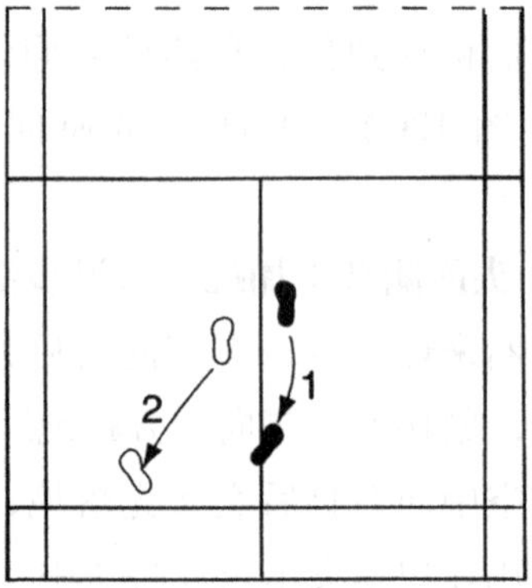

图 123

2. 三步或五步反手后退步法

右脚先向左脚并一步，接着左脚向左后方退一步，同时上体左转，右脚再向左后方跨一步到位，背对球网准备击球（图 124）。如果三步不能到位，则左、右脚再向后各移动一步，即成五步反手后退步法。击球后迅速回位至球场中心位置。离来球较远时采用此步法。

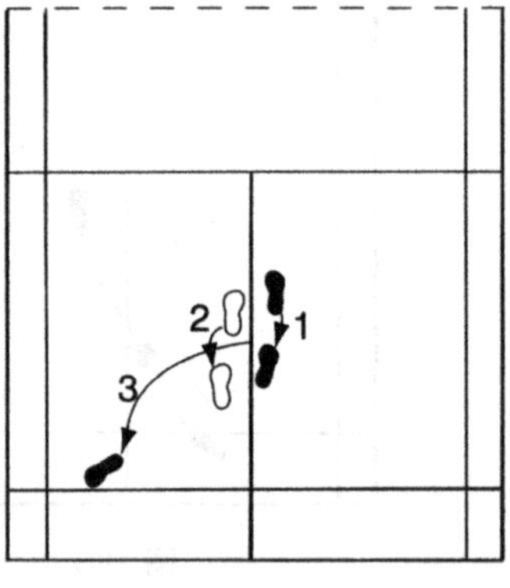

图 124

三、两侧移动步法

两侧移动步法是从球场中心位置向左、右两侧移动到击球点上击球的步法，是接对方杀球、接对方平射球时所采用的步法。两侧移动步法包括左侧移动步法、右侧移动步法、左侧蹬跳步法、右侧蹬跳步法四种。站位及准备姿势基本同上网步法。

（一）左侧移动步法

1. 一步蹬跨步法

判断来球落点离身体较近时，迅速将身体重心移至右脚，右脚掌内侧用力蹬地，同时左脚向左侧跨一大步到位正对球网击球（图 125）。击球后左脚掌内侧蹬地回收回位。或判断来球左脚向左侧跨一步不能到位时，将重心落在左脚，以左脚前掌为轴向左转髋，同时右脚内侧用力蹬地，从左脚前向左侧跨一大步到位，背对球网击球（图 126），击球后右脚掌回蹬回位。

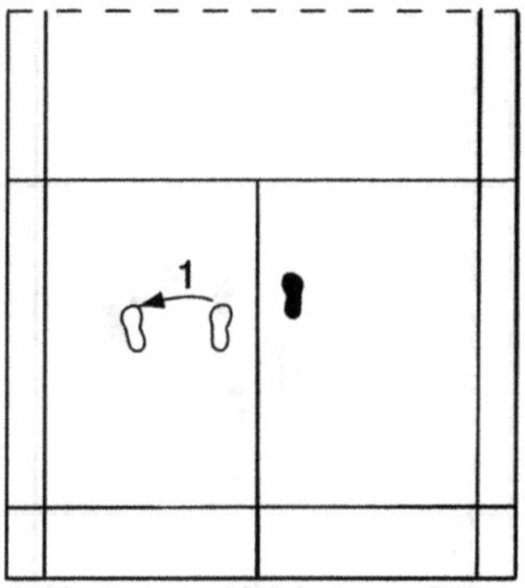

图 125

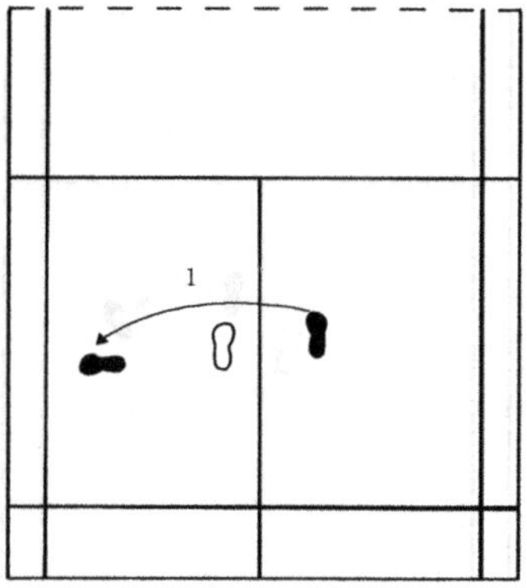

图 126

2. 两步蹬跨步法

判断来球落点离身体较远时，左脚先向左侧移一小步，紧接着右脚向左侧蹬跨出一大步，背对球网到位击球（图 127）。击球后迅速回位至球场中心位置。

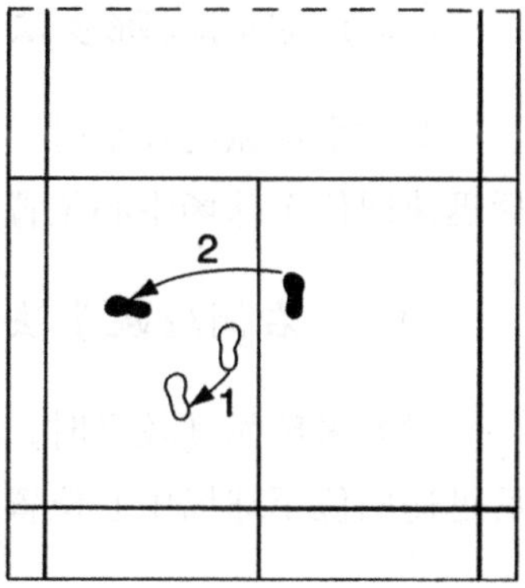

图 127

（二）右侧移动步法

1. 一步蹬跨步法

来球离身体较近时，迅速将身体重心移至左脚，左脚内侧蹬地，接着右脚向右侧跨一大步到位击球（图 128）。击球后右脚掌内侧蹬地回收回位。

2. 两步蹬跨步法

来球离身体较远时，左脚先向右后侧移一步，然后左脚内侧蹬地，右脚向右侧跨出一大步到位击球（图 129）。击球后右脚掌内侧蹬地回位。

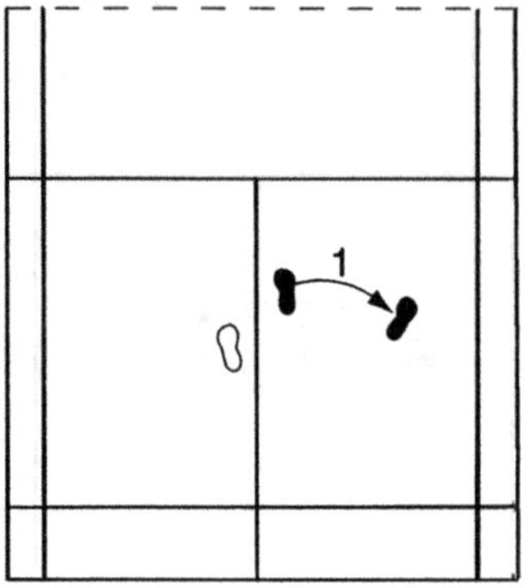

图 128

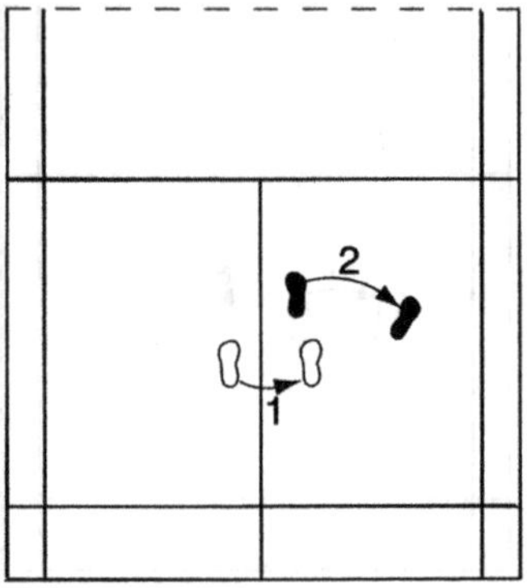

图 129

（三）左侧蹬跳步法

对方来球弧度较平时，可采用左脚向左侧移一步后跳起击球（图 130）。击球后迅速回位至球场中心位置。

（四）右侧蹬跳步法

对方来球弧度较平时，可采用右脚向右侧移一步后跳起击球（图 131）。击球后迅速回位至球场中心位置。

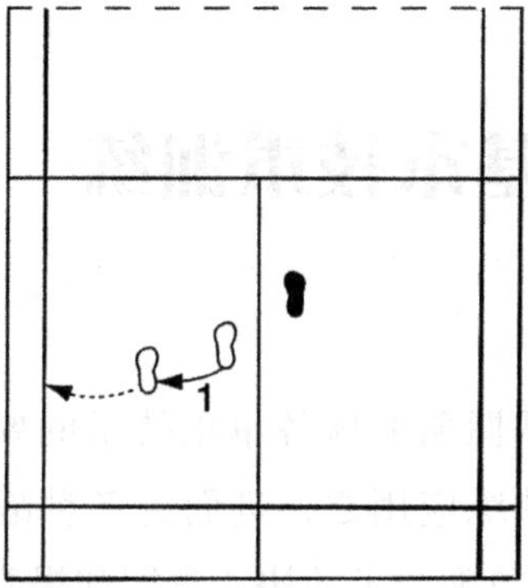

图 130

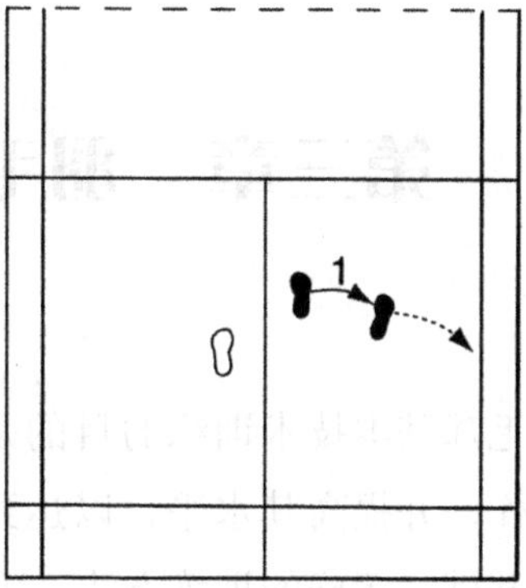

图 131

第三章　羽毛球运动基本技术训练

羽毛球基本技术训练的目的是通过训练来掌握羽毛球各单项技术的要领，规范其动作，并提高其水平，以达到在实战中能熟练应用之，进而为各种战术的实施奠定基础。正确的训练方法，可以促进羽毛球单项技术的快速掌握和提高。

第一节　握拍与挥拍练习

一、握拍练习

按照正确的握拍要领（参照第二章第一节之握拍）交替进行正手和反手的握拍练习。

二、挥拍练习

先进行正手击高球的挥拍练习，将每个过程分解开来单独练习，待掌握后再将每个过程连贯起来进行练习直至熟练，再进行反手击高球挥拍练习至熟练。然后按照各单项击球技术要领，按照上述方法进行正、反手练习至熟练。

第二节　单项击球技术练习

（一）发球练习

发球可以单人或两人进行练习。

1. 发高远球练习

要求练习者掌握正确的发球动作，击球点不能高过腰部，并要求将球发得高

（能垂直落下）和远（对方底线附近），同时还要注意落点的变化。具体练习时，可以选择一个练习同伴，站在另一半场接发球区双打后发球线附近，高举球拍，发球者将球向练习同伴发去，并越过其球拍，落在练习同伴身后（注意不要出界）。之后变换发球区和接发球区，继续上述练习。

2. 发平高球、平射球练习

练习者在进行发平高球、平射球练习时，除要注意球的飞行弧度和落点要符合技术要求外，还要让发球时的引拍、挥拍动作与发高远球动作一致（迷惑对手），只是在击球时产生变化。

3. 发网前球练习

在进行发网前球的练习时，练习者应按照单、双打比赛的特点，选择好发球的站位，即单打发球站位与发高远球、平高球、平射球相同；双打站位离前发球线近一些。练习发网前球时，发出的球要贴网而过，落点要在前发球线附近，以免对方扑球。可同时安排一个练习同伴进行扑球练习，以此来提高发球者发网前球的质量。

（二）击高球（高远球、平高球、平射球）练习

1. 空中悬球练习

根据练习者的身高和臂长，用一根细绳将球挂在适合于练习者能击到高球的位置，反复练习击高球的动作，检查击高球的动作（挥拍、击球点、球与球拍的接触面）是否按照击高远球的技术要求完成。

2. 多球练习

对于初学者来说，由教练或高水平陪练发/击出高球（弧度要高，每次高球的落点固定），使练习者能按要求顺利完成挥拍动作，以便形成正确的击球动作和动力定型。

3. 原地对打练习

两名练习者或练习者与陪练，各自站位于场地两边底线附近，先进行直线高远球对打，再进行直线平高球和平射球对打，然后进行对角高远球对打，最后进行对角平高球和平射球对打。（图 132、图 133）

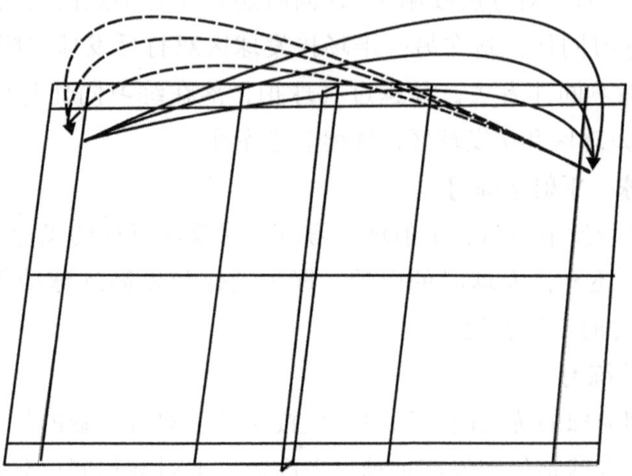

图 132

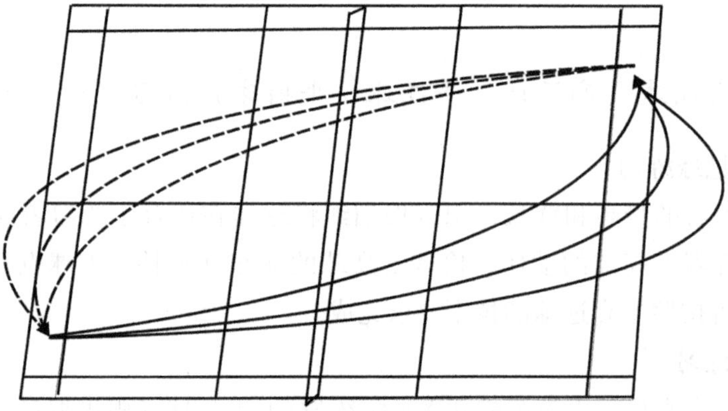

图 133

4. 移动对打练习

在掌握了原地击高球的技术后，可进行在移动中击高球的练习。

(1) 一人固定、另一人前后移动（向前回位）练习直线高球

两名练习者一人固定在底线，击出落点相同的直线高球，另一人底线击高球后向中场回位，再移动到底线击高球。然后双方互换角色进行练习。（图 134）

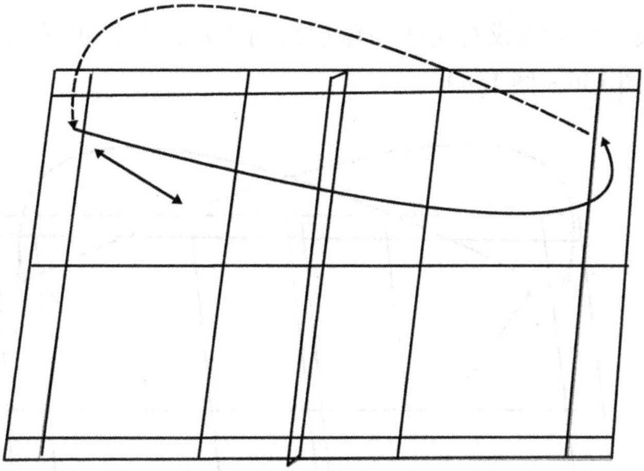

图 134

(2) 一人固定、另一人移动击直线和对角线高球练习

两名练习者，一人固定在底线击出直线或对角线高球，另一人击出高球后向中场回位，再返回底线击高球，如此反复。然后双方互换角色进行练习。(图 135)

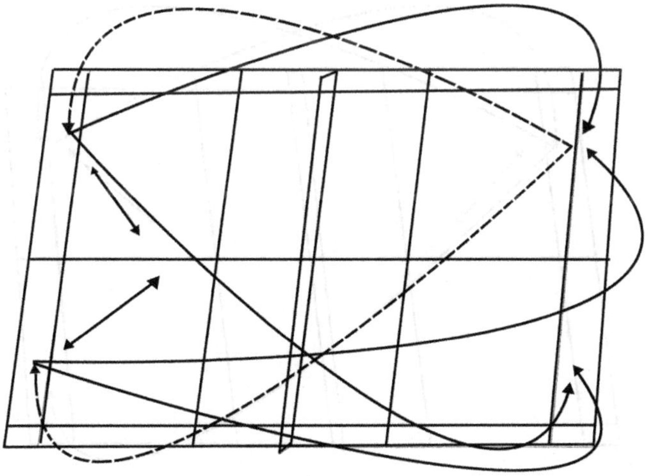

图 135

(3) 双方移动(回位)击高球练习

双方在底线击出直线或对角线高球后均向中场回位，再回到底线回击直线或对角线高球。(图 136～图 138)

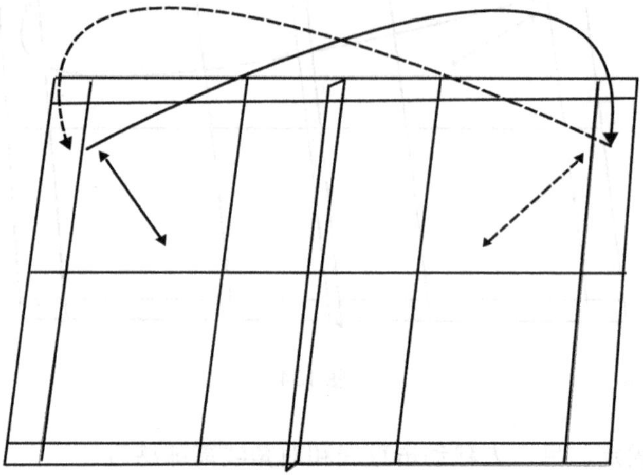

图 136

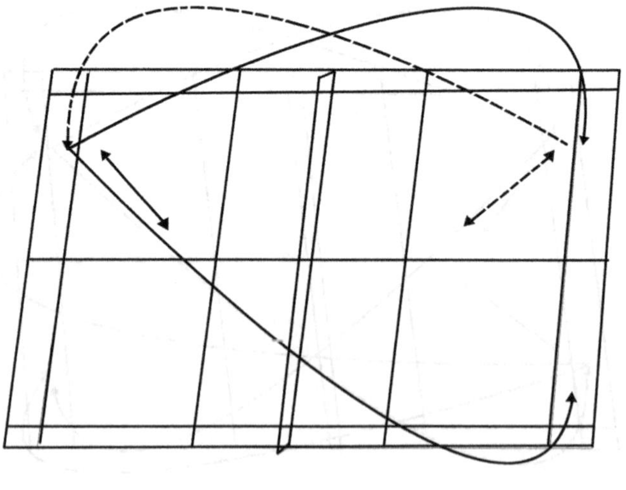

图 137

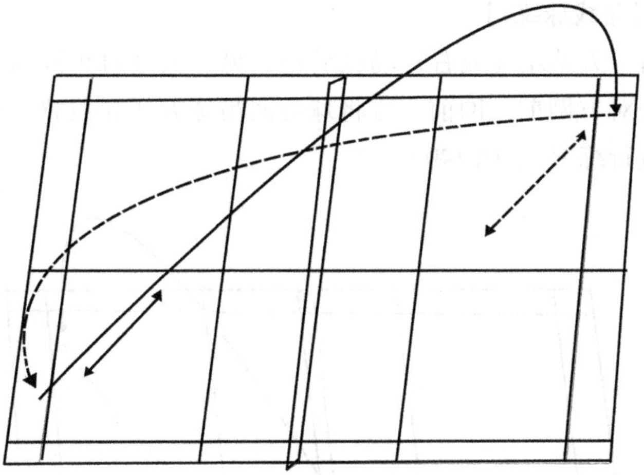

图 138

通过这些练习，可以提高练习者的起动、回动，以及回击直线和对角线高球的能力。

（三）吊球练习

1. 定点吊直线球练习

两名练习者一人站左（或右）场区后场，另一人站对面右（或左）场区网前。站后场的练习者将球直线吊至对方网前，网前一方将球挑回吊球方所在位置，如此反复。然后双方互换角色进行练习。（图 139）

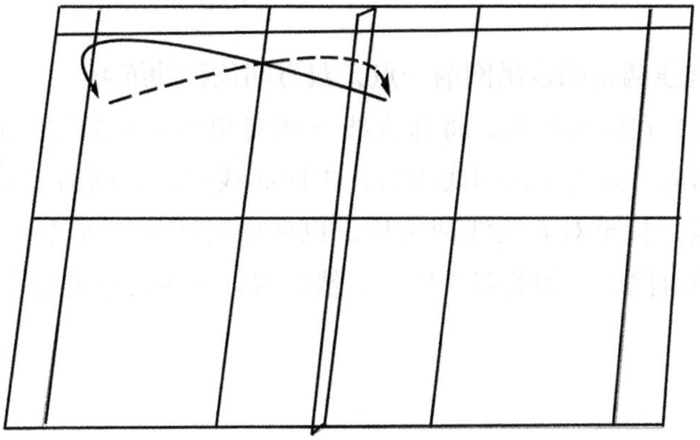

图 139

2. 定点吊对角线球练习

两名练习者一人站左（或右）场区后场，另一人站对角网前。站后场的练习者将球对角吊至对方网前，网前一方将球挑回吊球方所在位置，如此反复。然后双方互换角色进行练习。（图 140）

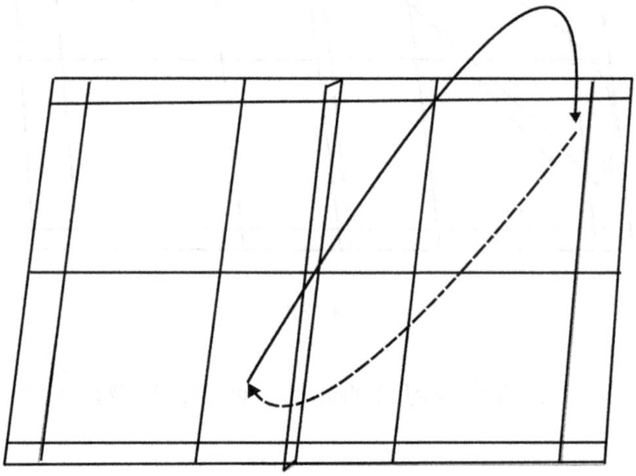

图 140

3. 直线固定吊网前一点，双方前后移动练习

底线吊球方在吊直线球后，向前场移动，待网前一方将球挑回底线后，再回底线位置吊球；网前一方将球直线挑回对方底线后，也向后移动，等待下一回合对方的吊球，再移动到网前挑球。如此多次反复，然后双方互换角色进行练习。（图 141）

4. 由后场底线两角固定吊网前一点，双方回位移动练习

由吊球方交替在底线两侧，将球直线（或对角线）固定吊向网前一点后，向中场回位，待网前一方将球挑回底线后，再回底线吊球；网前一方将对方的吊球，直线（或对角线）挑至对方底线两角后，也向中场回位，等待下一回合对方的吊球，再移动到网前挑球。如此多次反复，然后双方互换角色进行练习。（图 142）

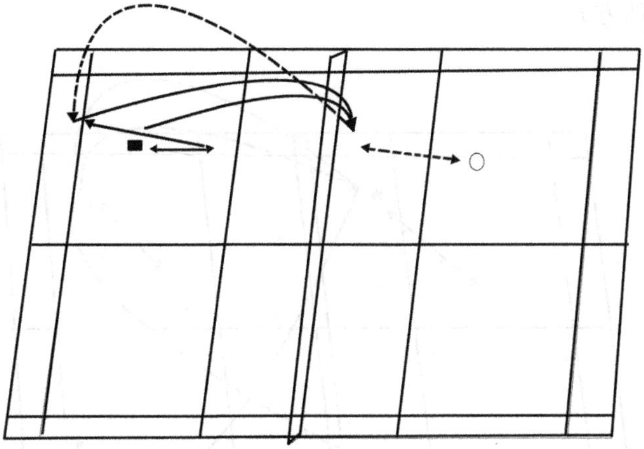

图 141

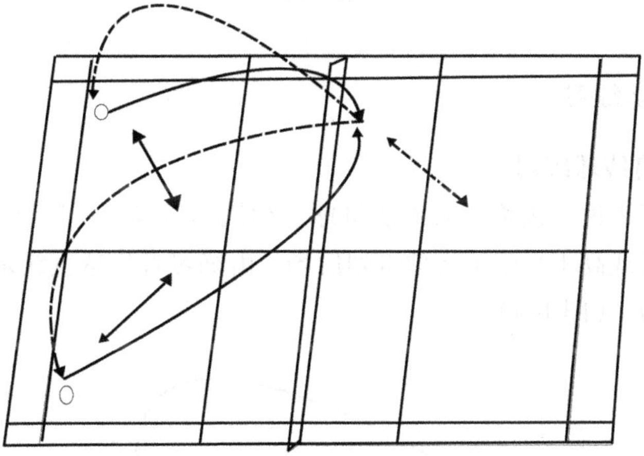

图 142

5. 交替吊网前两点，双方前后移动（回位）练习

吊球方在底线两侧，交替向对方网前吊直线和对角线球，吊球后向中场回位，待网前一方将球挑回底线后，再回底线吊球；网前一方交替在网前两角，将对方的吊球直线（或对角线）挑至对方底线两角后，也向中场回位，等待下一回合对方的吊球，再移动到网前挑球。如此多次反复，然后双方互换角色进行练习。（图143，虚线为吊球方）。

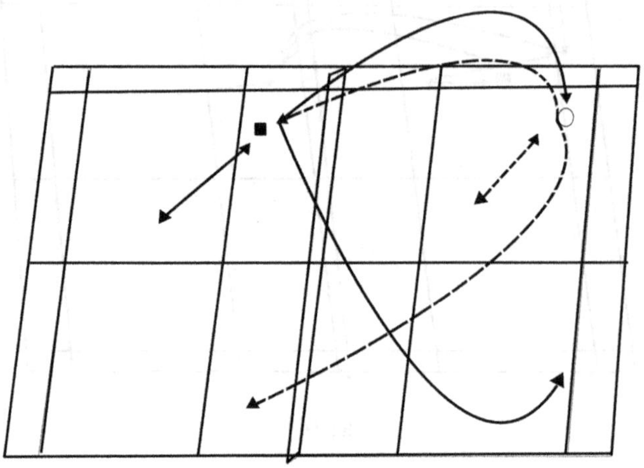

图 143

（四）杀球练习

1. 定点杀直线球练习

对于初学者来说，接杀球时不能将球连续挑到后场，所以练习杀球时采用多球练习。由教练或高水平陪练将球击到后场，由练习者将球直线杀回，练习时左、右后场交替练习。（图 144）

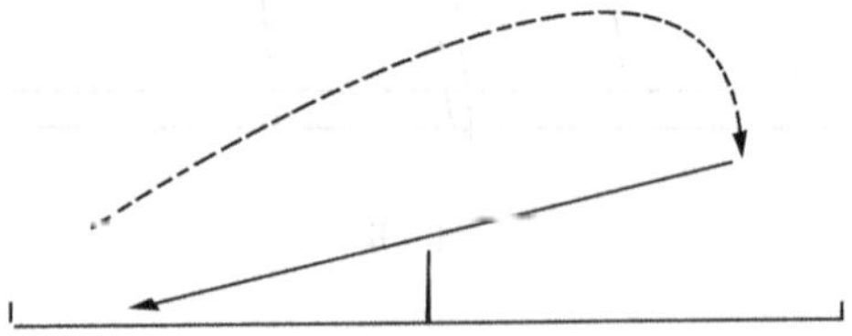

图 144

2. 定点杀对角线球练习

同上，练习者将后场高球对角杀回，练习时左、右后场交替练习。（图 145）

杀球练习对于初学者来说，主要是找到挥拍、正拍面击球及击球时手腕闪动压击球的感觉，形成正确的杀球技术。

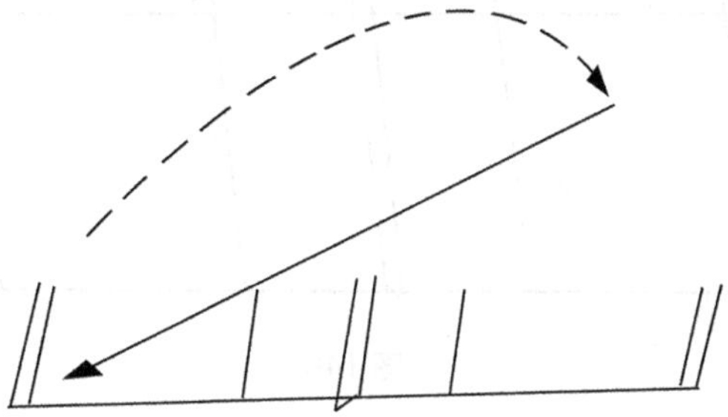

图 145

（五）搓球练习

搓球一般采用多球练习，通过高密度“喂球”，使练习者充分体会并掌握网前搓球的技术。

1. 不移动定点搓球练习

练习者将对方（另一练习者或教练）抛过来的网前球，按搓球技术动作要领搓过网。练习时左、右前场网前及正、反手交替练习。

2. 移动定点搓球练习

练习者从前场中心位置，移动到网前，将对方抛过来的网前球搓过网，再回位到中心位置，准备下一回合的网前搓球。练习时左、右前场网前及正、反手交替练习。（图 146）

3. 移动到网前两侧的搓球练习

对方将球左、右交替抛过网前两侧，练习者从前场中心位置，移动到网前（左侧或右侧），将球用反手或正手搓过网。（图 147）

2、3 两项搓球练习，在练习正、反手搓球技术的同时，也练习了上网步法。

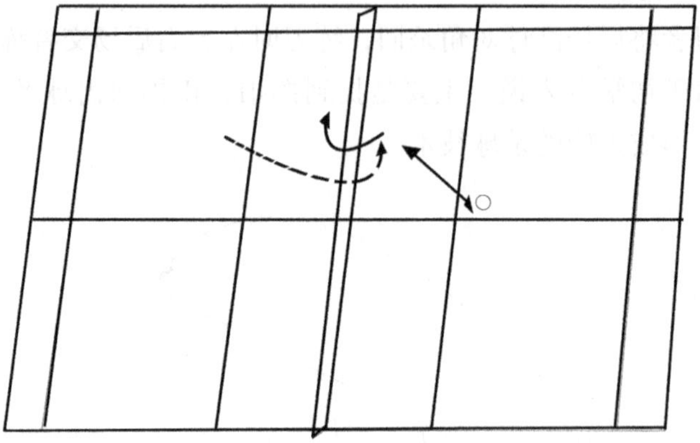

图 146

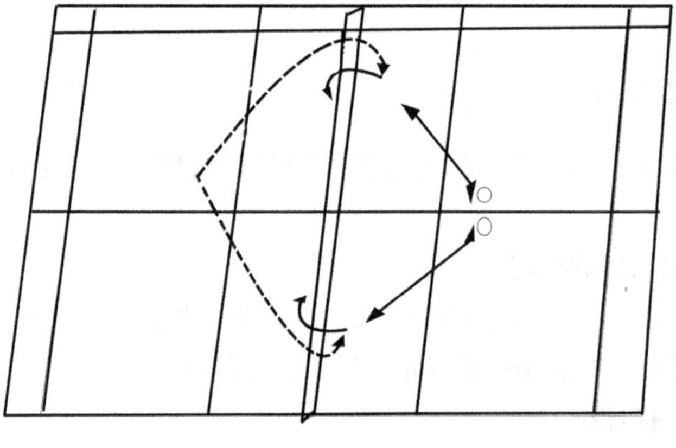

图 147

（六）推球练习

与搓球练习相同，先采用定点推球练习（图 148），再进行移动定点推球练习（图 149），最后进行移动到网前两侧的推球练习（图 150）。

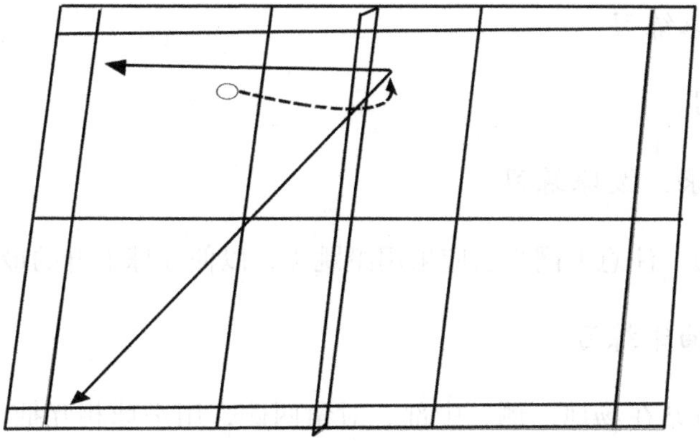

图 148

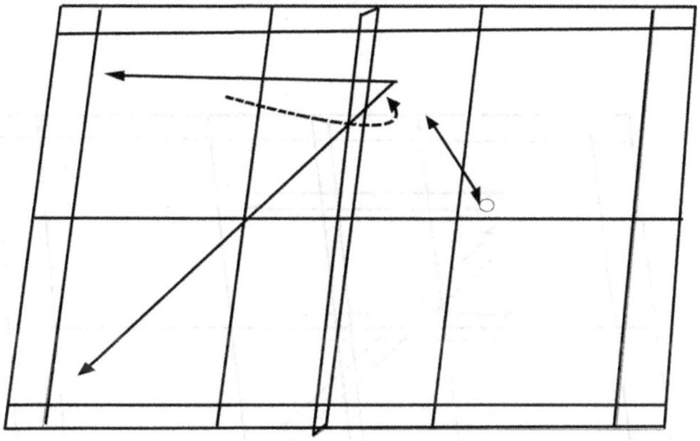

图 149

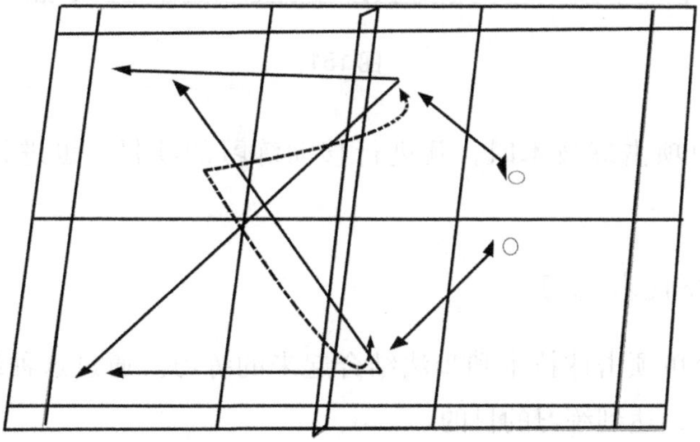

图 150

（七）勾球练习

同搓球练习。

（八）扑球、拨球练习

同搓球练习。注意上网步法应采用蹬跳步，以便在球上升的最高点击球。

（九）平抽球练习

练习者双方站在场地一侧、中部、对角两侧，用平球相互抽击（直线或对角线）。（图 151）

练习平抽球时，握拍可向上移一点，也可以一方杀球，另一方抽球，然后互换攻守进行练习。

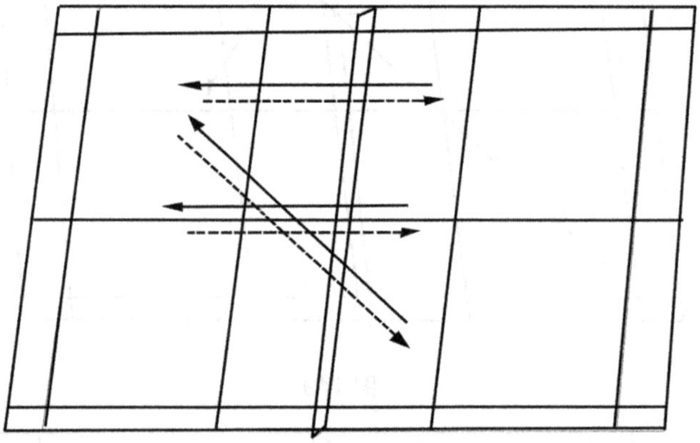

图 151

练习以上单项击球技术时，凡进行移动练习的项目，也进行了相应的步法练习。

（十）综合技术练习

这是将多个单项击球技术和步法结合起来的练习。通过这种练习，可以很快提高实战的能力，达到练习的目的。

1. 高吊练习

（1）固定线路多球练习

教练或陪练利用多球练习方法，不断向练习者发出直线或对角线高远球，练习者回击高球，接着吊球，如此反复练习。（图 152）

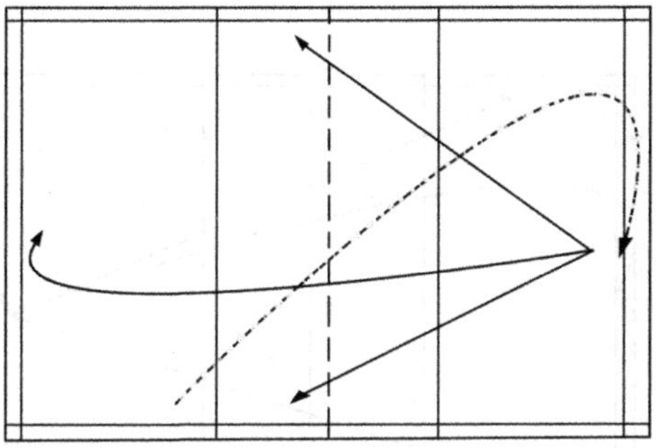

图 152

（2）不固定线路多球练习

教练或陪练利用多球向练习者底线两侧发出高远球，练习者在底线两侧移动，回击直线或对角线高球，接着吊直线球或对角线球。（图 153）

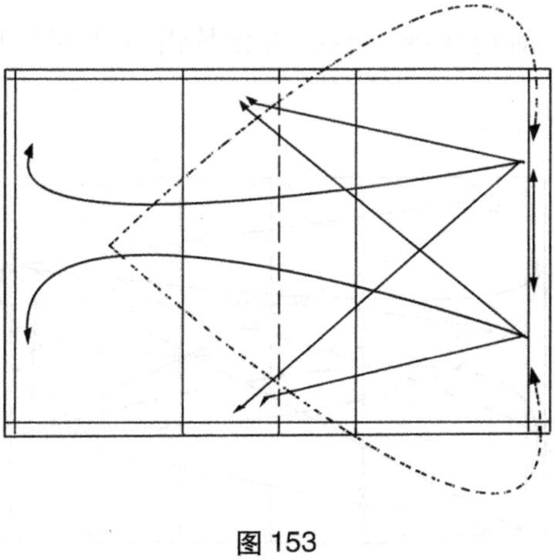

图 153

2. 高杀练习

（1）固定线路多球练习

教练或陪练利用多球向练习者后场发出高球，练习者将球以高球击回（直线或对角线），再将发来的高球杀向直线或对角线。可先练习直线球，再练习对角线球。（图154）

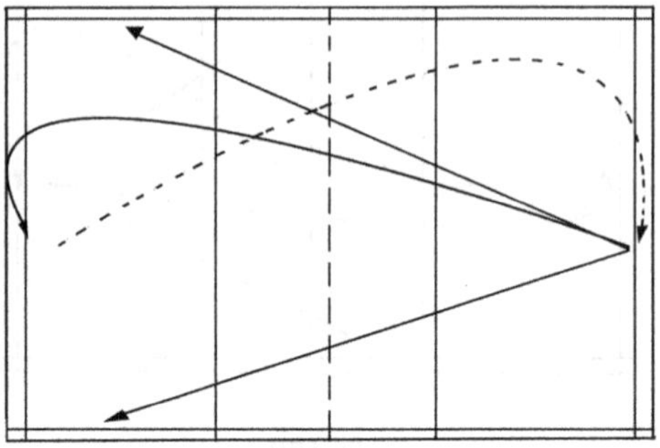

图154

（2）不固定线路多球练习

教练或陪练利用多球向练习者后场两侧发出高球，练习者向两侧移动，将球以高球击回（直线或对角线），再将发来的高球杀向直线或对角线（图155）。可先练习直线球，再练习对角线球。然后再交替击直线和对角线高球，以及交替杀直线和对角线球。

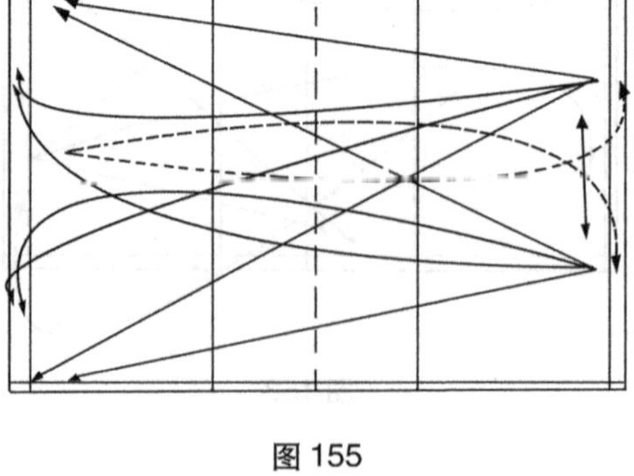

图155

3. 吊、杀练习

(1) 定点吊、杀练习

练习者站位于左场区或右场区底线附近，由教练或陪练利用多球向练习者发出高球，练习者进行吊直线、杀对角线；吊对角线、杀直线；吊直线、杀直线；吊对角线、杀对角线练习。(图 156 ~ 图 159)

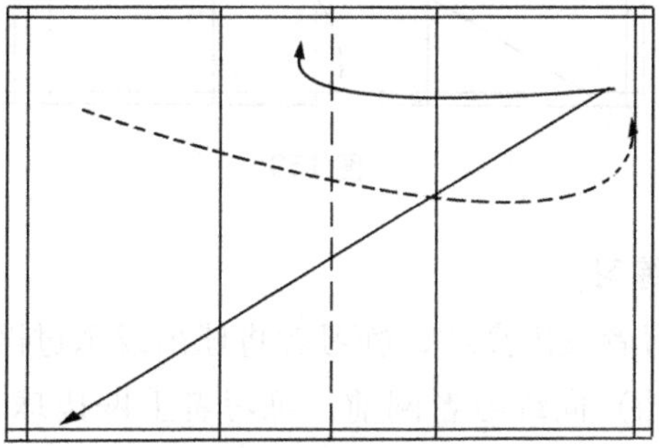

图 156

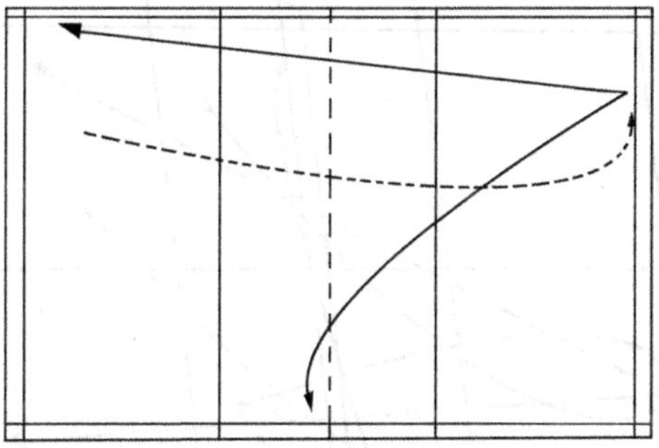

图 157

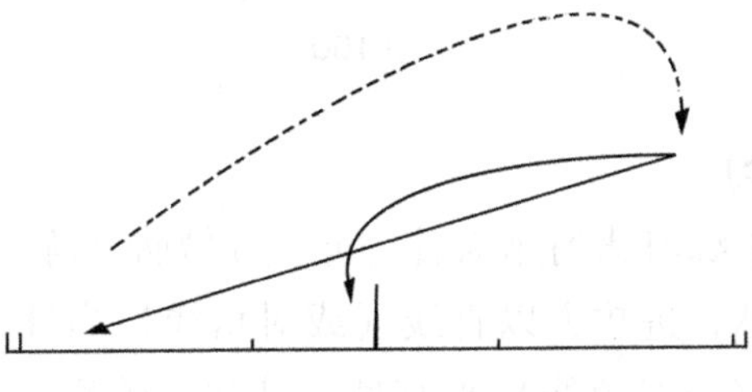

图 158

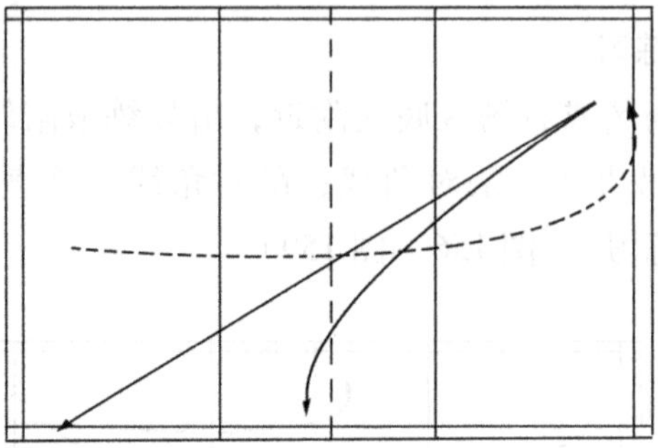

图 159

(2) 吊、杀上网练习

教练或陪练向练习者发出高球，练习者将球吊或杀过网（直线或对角线），教练或陪练将球挑（或挡）向练习者网前，练习者上网搓球、勾球或推球，将球回击过网。（图 160）

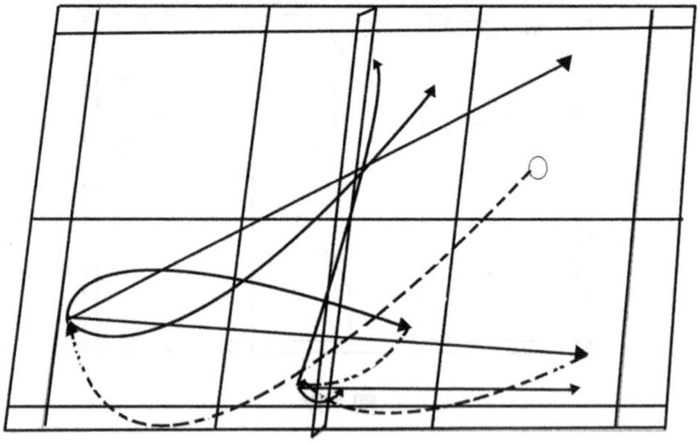

图 160

4. 高、吊、杀练习

练习者在进行以上练习达到熟练后，可一方做防守练习，另一方做进攻练习。防守方向进攻方发高球，进攻方以直线（或对角线）高球、吊球、杀球回击（图 161），防守方以直线（或对角线）平高球、挑球、搓球、勾球、挡球或放网进行防守（图 162）。对于防守方回击的网前球，进攻方上网以搓球、勾球和推球回击

（图 163）。双方先在半边场地进行练习，再进行全场地练习。双方互换攻守，再按上述方法进行练习。练习到一定阶段后，可以进行一对二练习（一名进攻方对两名防守方），和二对一练习（两名进攻方对一名防守方），这样练习可进一步提高攻、守的能力。

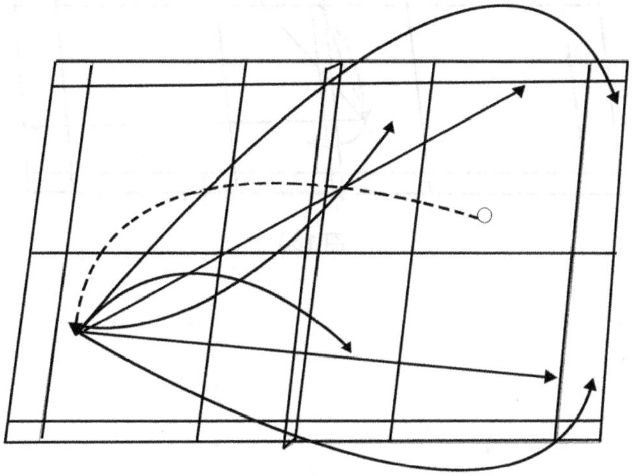

图 161

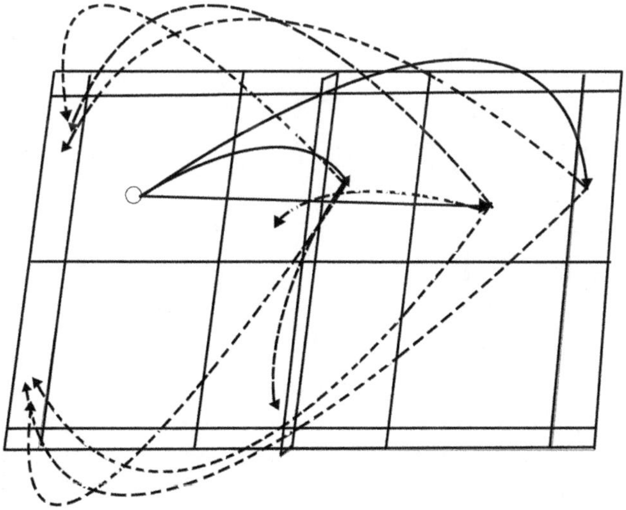

图 162

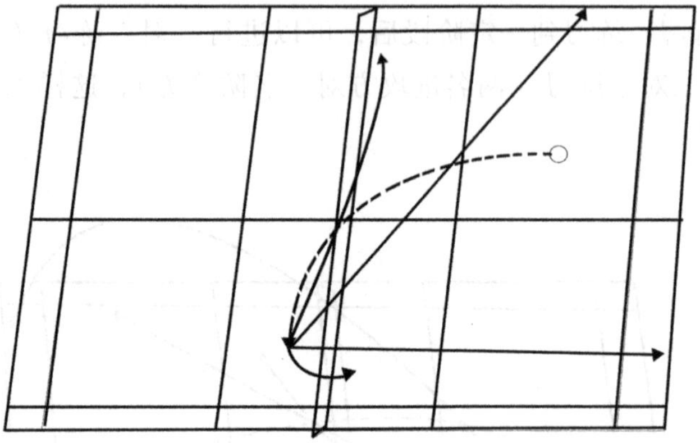

图 163

第四章　羽毛球运动基本战术

战术，简言之即比赛中所采取的计谋和行动。一场比赛采用何种战术，需要根据自身及对手的技术特点、比赛前和比赛中的心理状态、身体素质、竞技状态等来制定和调整。战术的合理应用是决定比赛胜负的重要因素。

羽毛球运动基本战术分为单打战术、双打战术两种。

第一节　单打战术

一、单打进攻战术

（一）发球抢攻战术

发球是羽毛球每一个回合的开始，不受对方限制，只要是在规则允许的范围内，发球者可以根据比赛时对手的站位、回球的习惯路线、反击能力等方面因素，进行变化多端的发球，将球以任何弧度、任意线路发至对方场地任何一点。这常常会打乱对方预先安排的战略部署，从而起到掌握主动的作用。因此，发球在比赛中起着重要的作用。

球发出后的落点区域如图 164 所示。

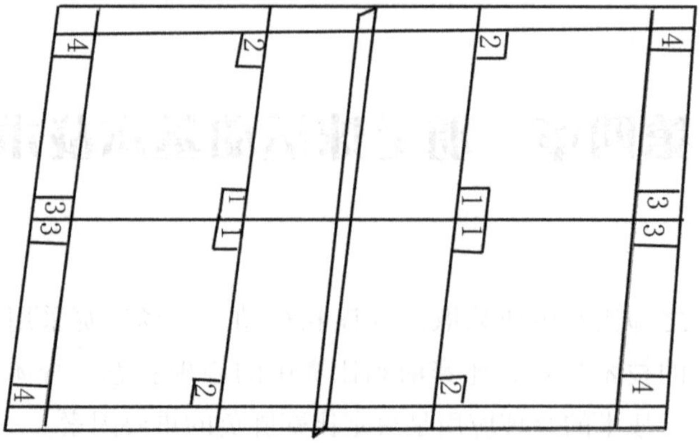

图 164

1. 发前场区球抢攻战术

发前场区球的目的是减少对方将球下压的机会，限制对方接发球发起进攻，同时也为己方抢攻创造机会。

发前场区球，可发 1 号区球、2 号区球、1 号和 2 号区之间球及追身球等。一般发 1 号和 2 号区之间球及追身球可减少发球失误。根据对方回球落点及质量，可采用推球、搓球、扑球、勾对角线球，甚至杀球等多种击球技术进行还击。图 165 ~图 171 所示为己方发前场区球落点、对方回球线路、落点及己方回球线路。

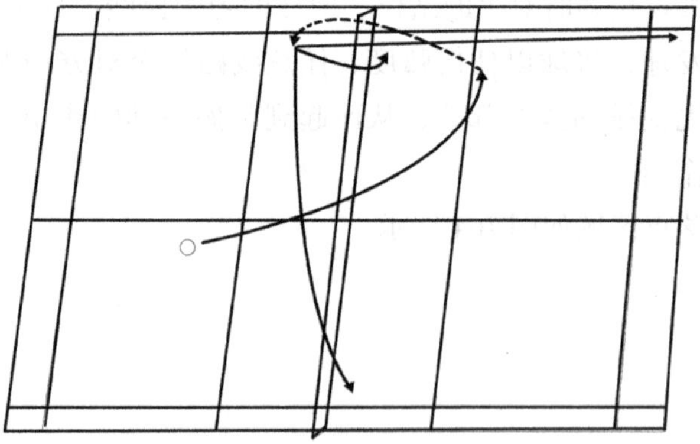

图 165

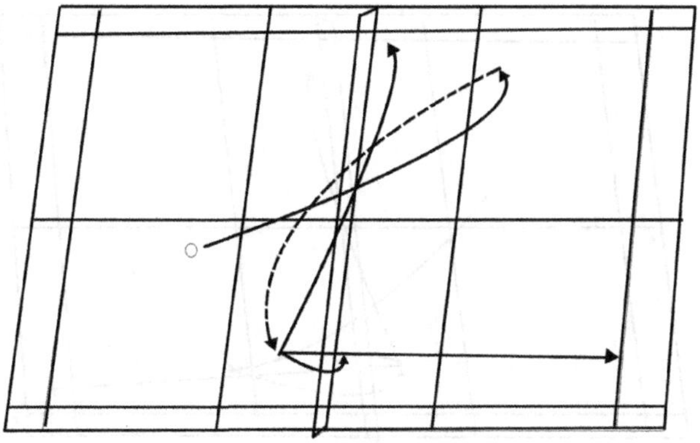

图 166

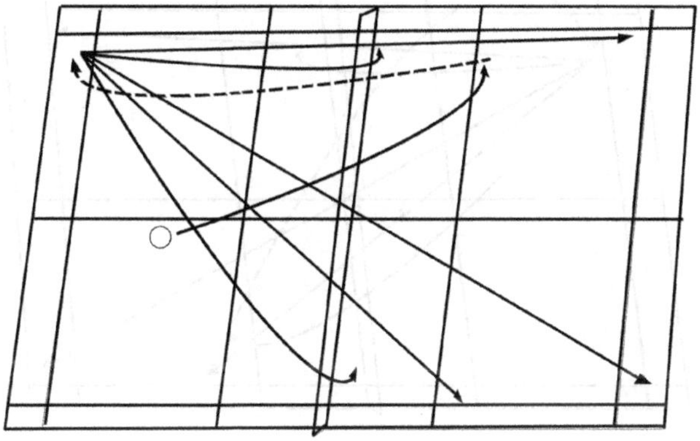

图 167

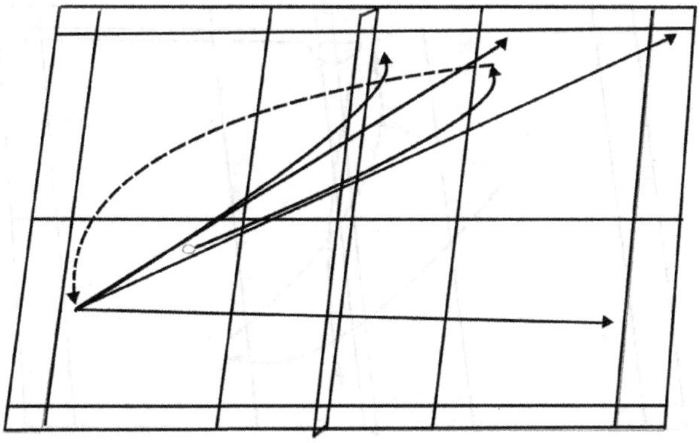

图 168

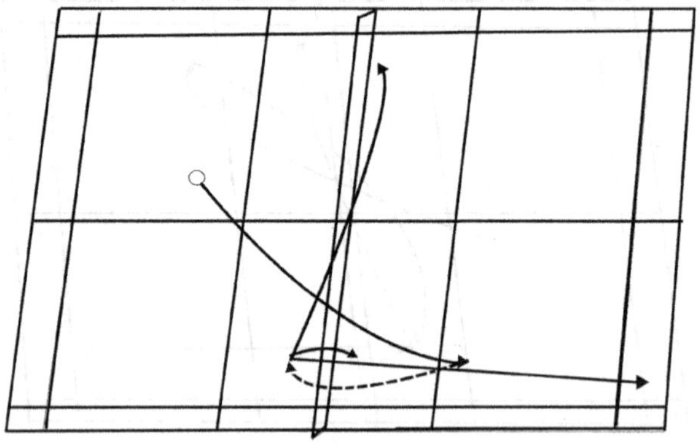

图 169

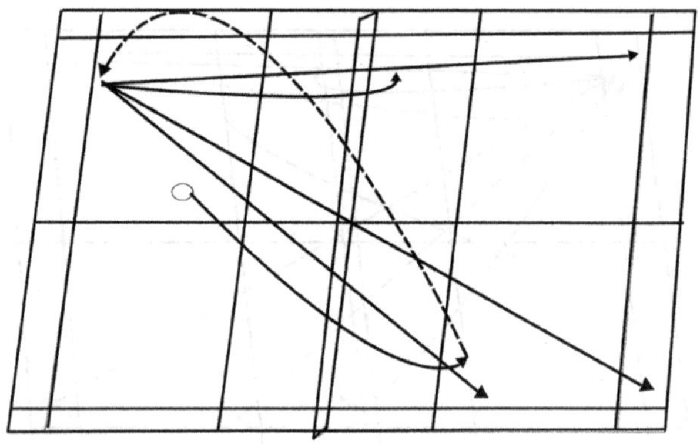

图 170

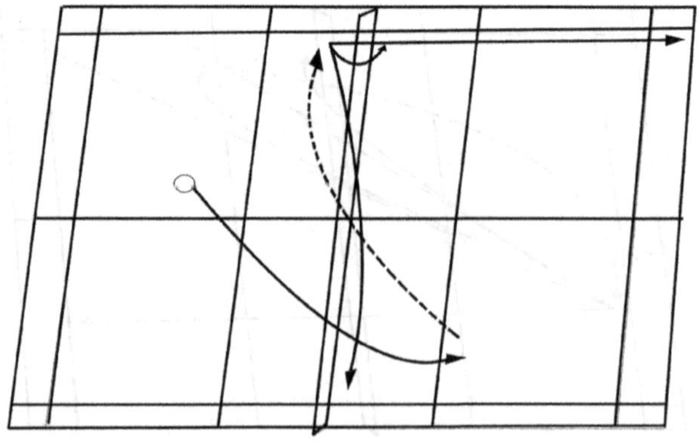

图 171

2. 发平高球抢攻战术

发平高球的落点一般选择在3号区、4号区及3号区和4号区之间三处。

由于平高球飞行速度快，对手必须快速退至后场击球，这就会使其接发球受到干扰，从而影响回球质量，为己方创造进攻机会。但发平高球时应注意球的飞行弧度，以能高过对方跳起击球的高度为准。

发平高球后，根据对手回球所采用的击球技术、回球线路、回球力量、回球落点等，己方可采用挡球、抽球、勾球等击球技术进行回击。图172～图178所示为己方发平高球落点、对方回球线路、落点及己方回球线路。

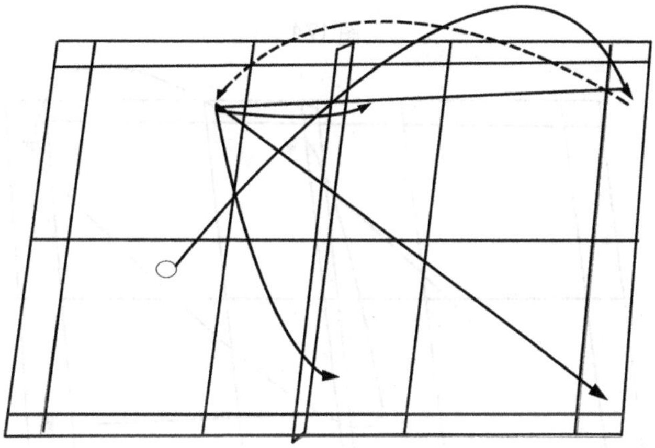

图172

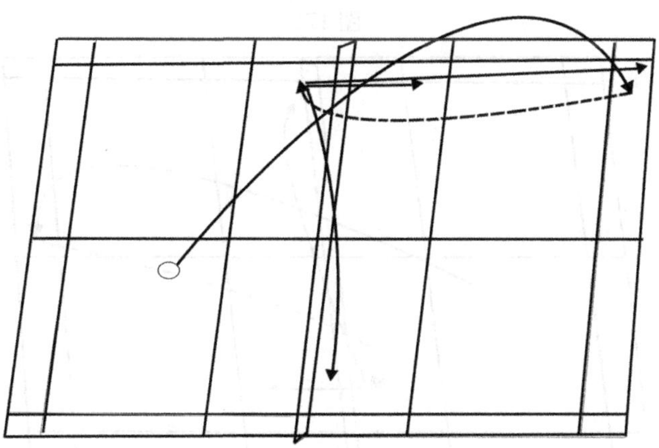

图173

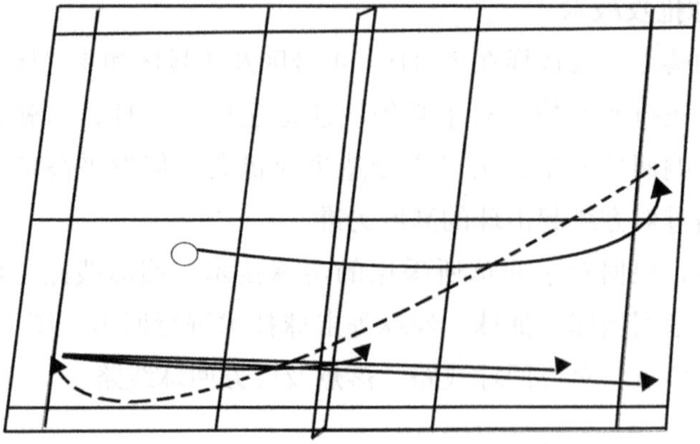

图 174

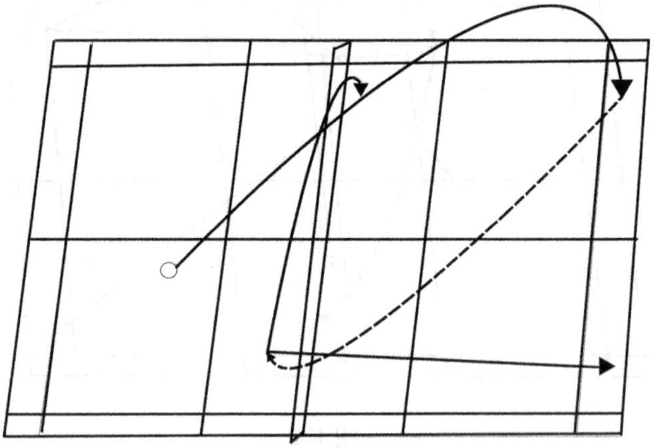

图 175

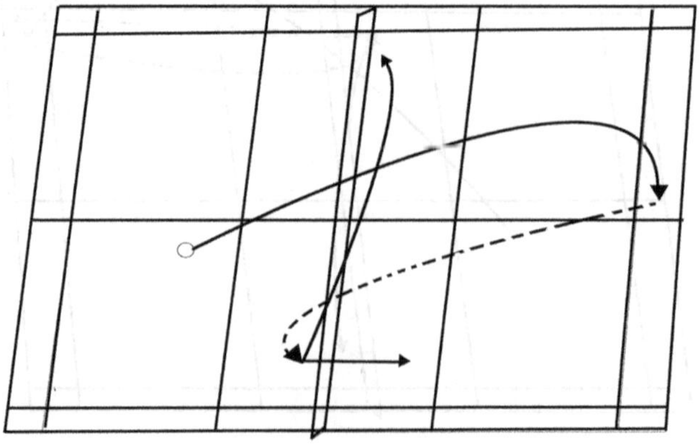

图 176

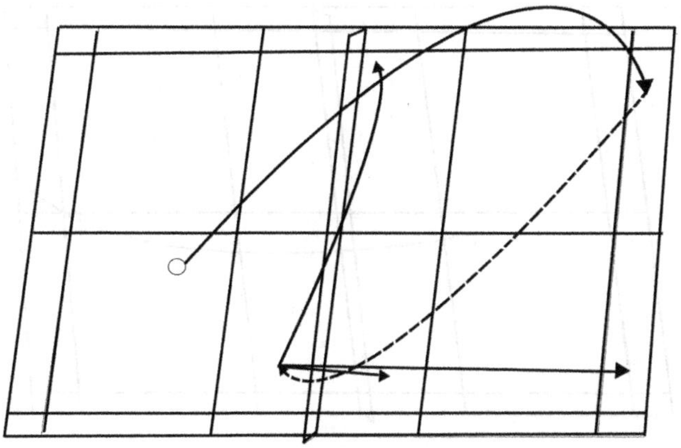

图 177

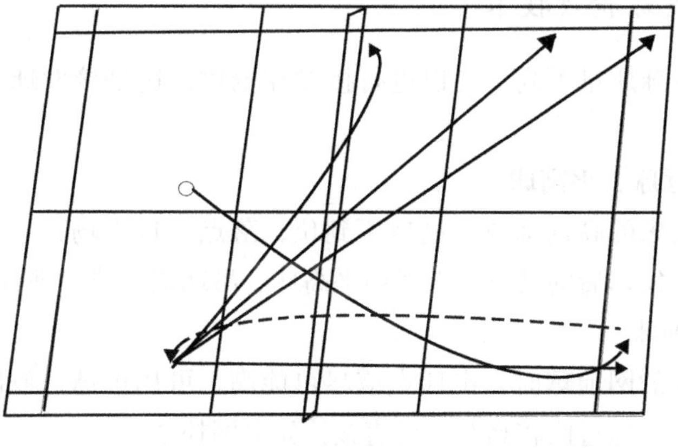

图 178

3. 发平射球抢攻战术

发平射球通常选择发对方反手位 3 号区（图 179）。平射球比平高球的弧线还要低、速度还要快，遇反应较慢、站位较前或偏离中线的对手时，采用发平射球进行偷袭，使对手被动回球，或逼对手退至后场回球而造成网前区出现空隙，多能取得主动。

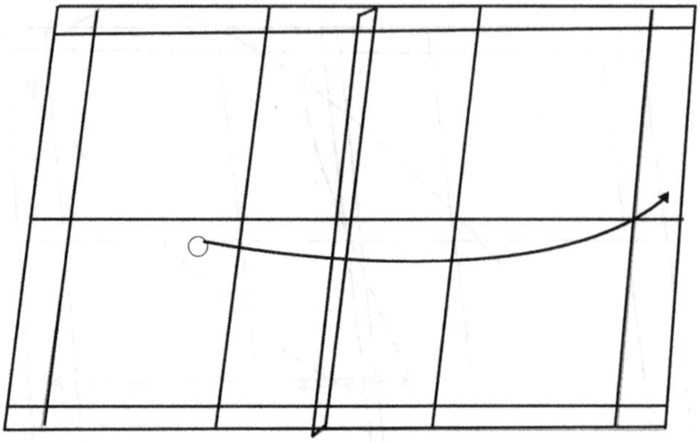

图 179

（二）接发球抢攻技术

如果对手发球质量不高，可以进行接发球抢攻，这是接发球中最具威胁的一种战术。

1. 接发高远球、平高球

如果对手发来的高远球或平高球不到位，落点靠近中场，则是较好的抢攻机会，可根据对手发球后的站位，选择用平高球、吊球或杀球来进行还击。

2. 接发网前球

接对手发来的网前球时，击球点应尽可能高，可用推球、放网前球或挑高球还击。如果对手发球过网较高时，可直接抢先上网扑杀。

3. 接发平射球

接对手发来的平射球时，可采用快杀对手空当或追身球还击，也可借助对手发来的平射球的力量，拦吊对角网前。

（三）连续使用单个击球技术的进攻战术

比赛中常常会连续使用某一个击球技术来进行进攻，以使对手回球出现失误或回球质量不高，从而得到进攻的机会。

1. 同一后场区连续使用平高球的进攻战术

对一个底线击球技术差、回动上网快、侧身后退步法差的对手，采用对同一场区进行连续数拍的平高球进攻战术，往往会令对手失误得分，或迫使对手回出中场高球，而己方就有一拍制胜的机会。图 180 ~ 图 188 均为同一后场区连续使用平高球的进攻战术。

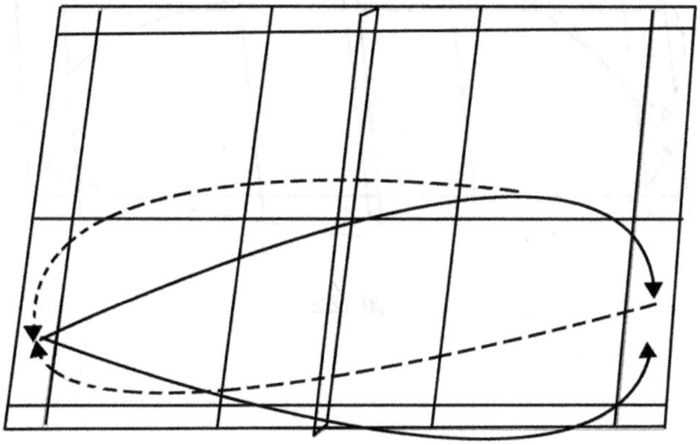

图 180

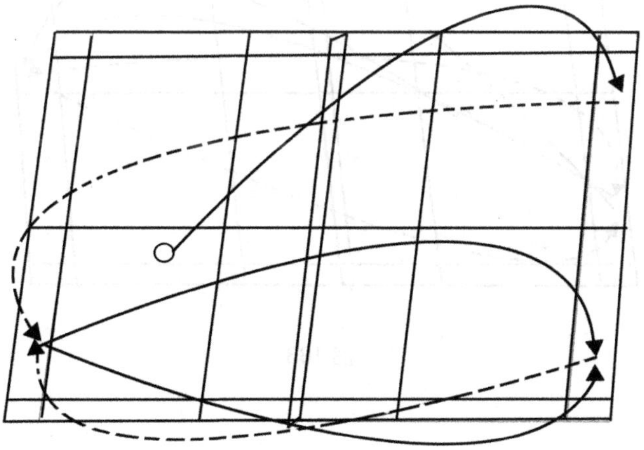

图 181

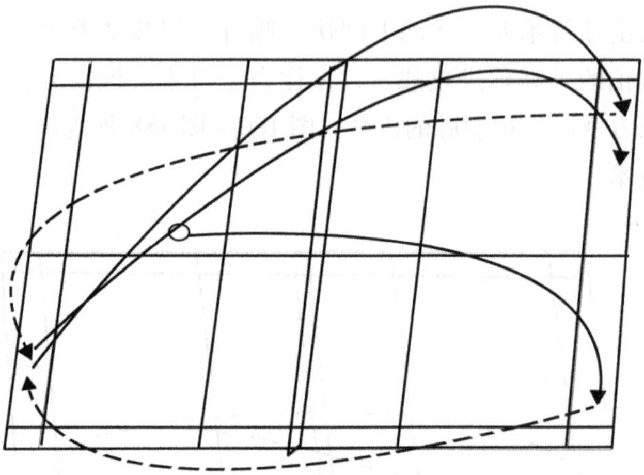

图 182

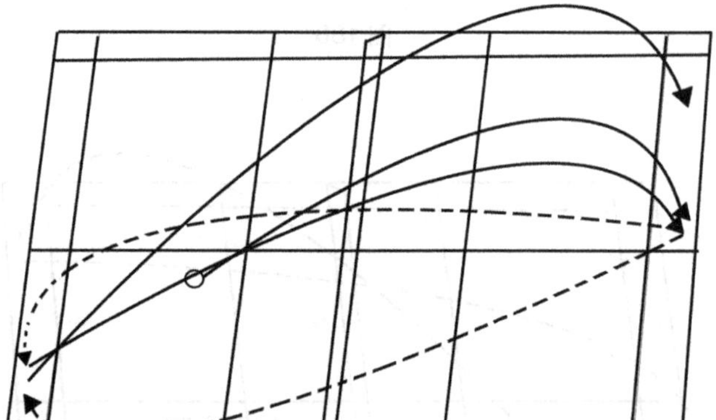

图 183

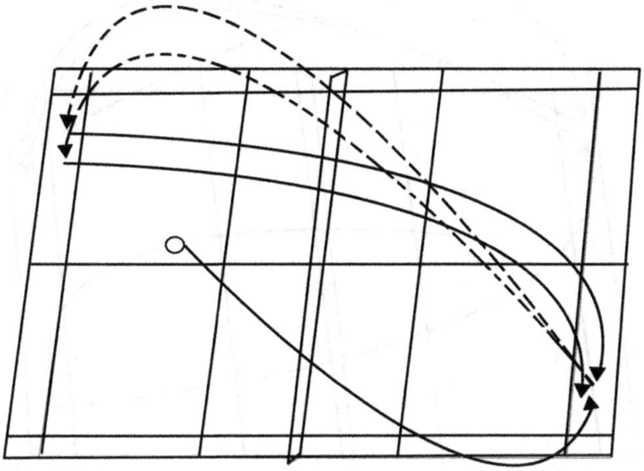

图 184

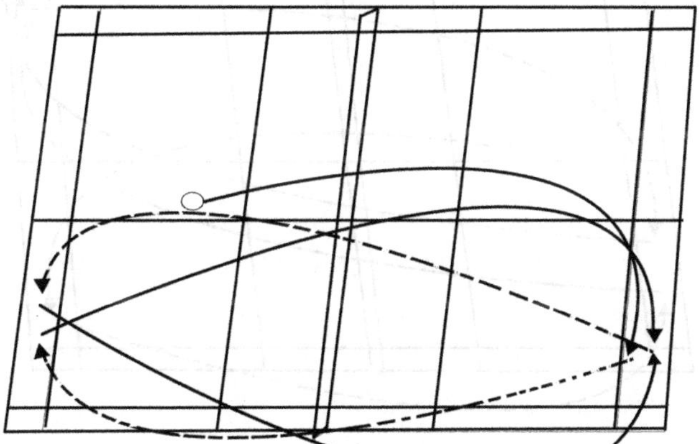

图 185

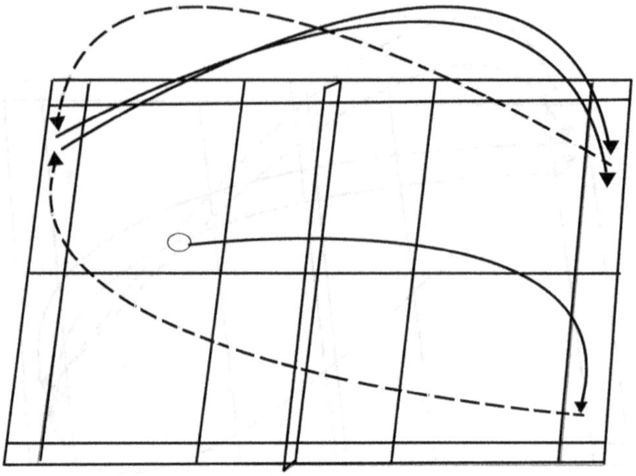

图 186

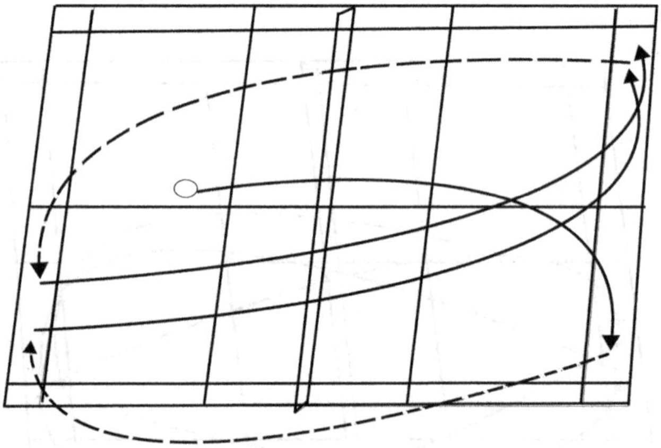

图 187

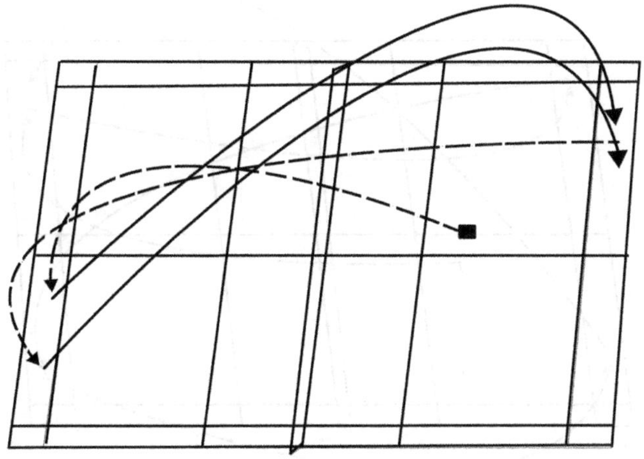

图 188

2. 连续使用平高球拉开两边的进攻战术

这种战术主要是针对回动上网快，但两边底线攻击能力较差的对手。比赛中己方连续使用平高球攻击对方两边底线，将对手压在底线处，迫使对手回出被动球而得到进攻机会。图 189 ~ 图 194 均为连续使用平高球拉开两边的进攻战术。

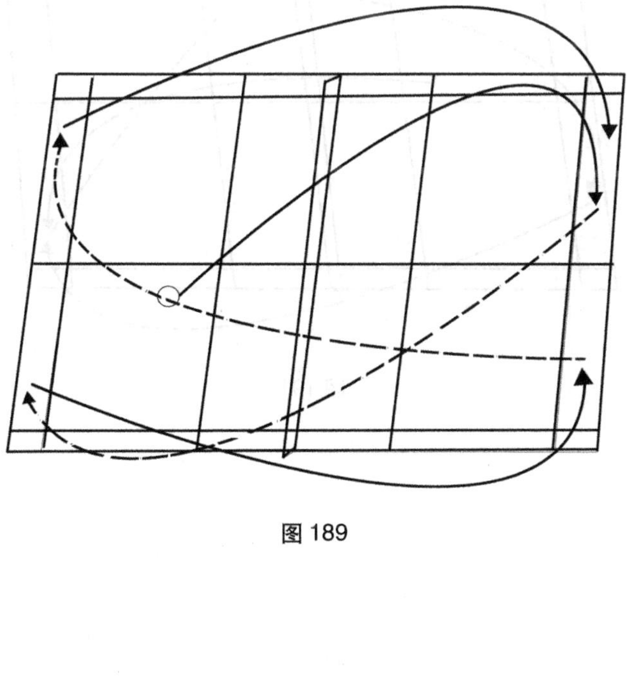

图 189

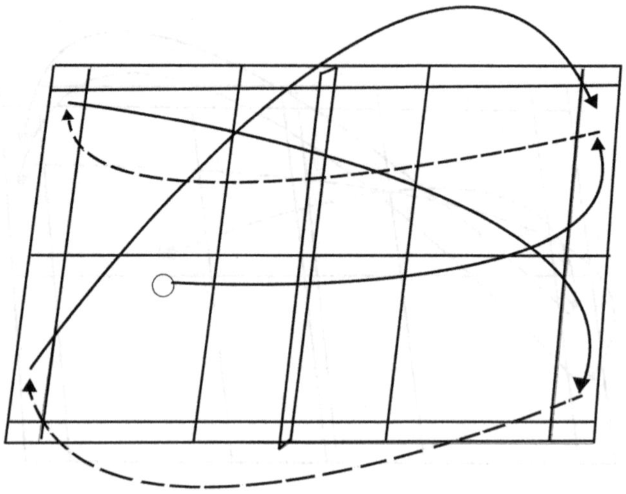

图 190

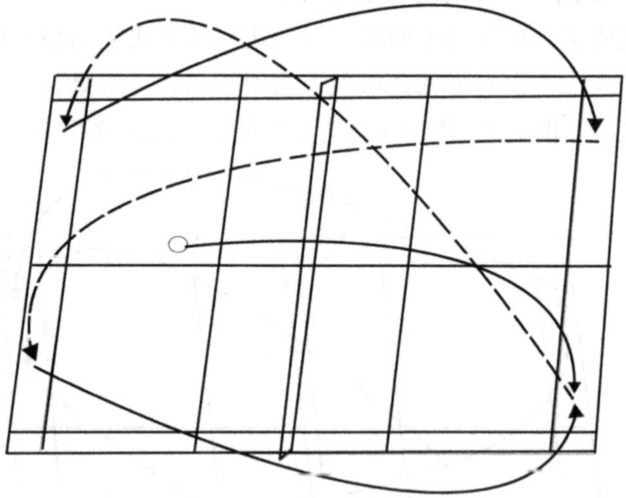

图 191

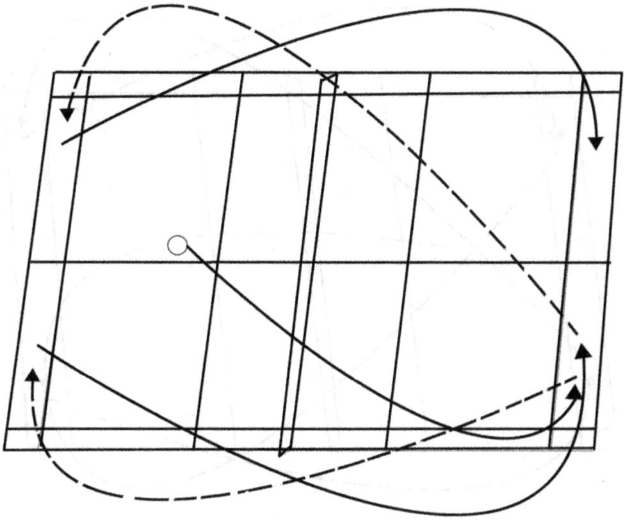

图 192

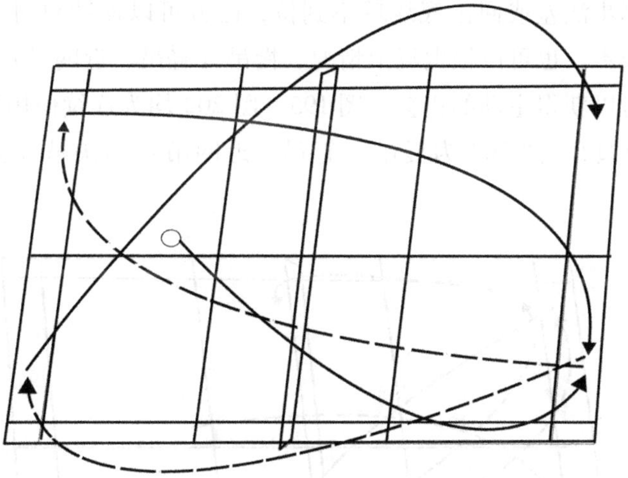

图 193

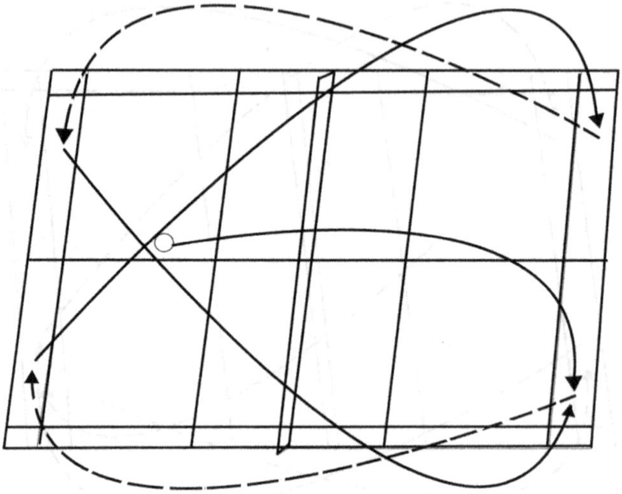

图 194

3. 连续使用吊球的进攻战术

在对手上网步法差或回击底线球不到位，己方可以连续对对方网前两边或一点使用吊球的战术。也可以根据场上情况，慢吊（轻吊、近网吊）与快吊（劈吊）相结合，往往可以获得主动的机会。图 195 ~ 图 202 均为连续使用吊球的进攻战术（网前一点或两边）。图 203 为慢吊（轻吊、近网吊）和快吊（劈吊）球的飞行轨迹。

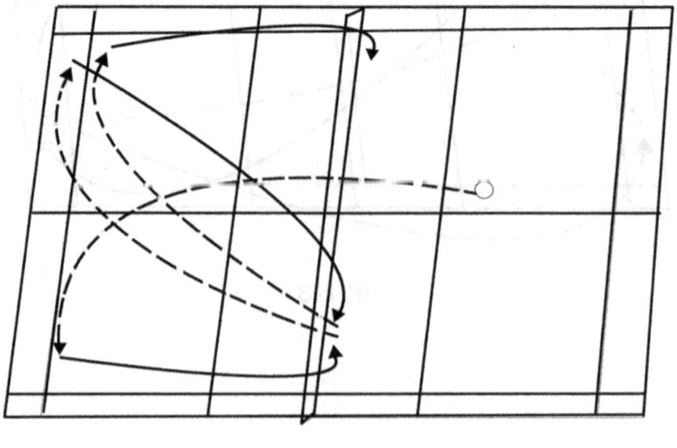

图 195

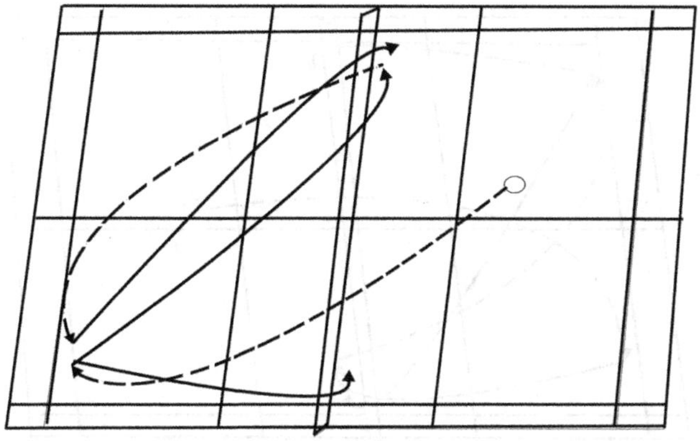

图 196

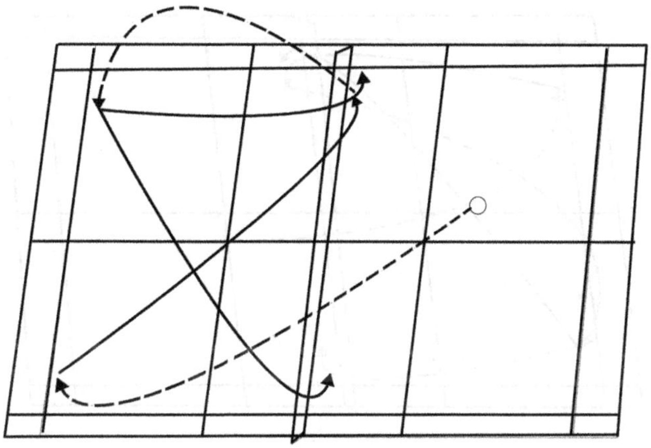

图 197

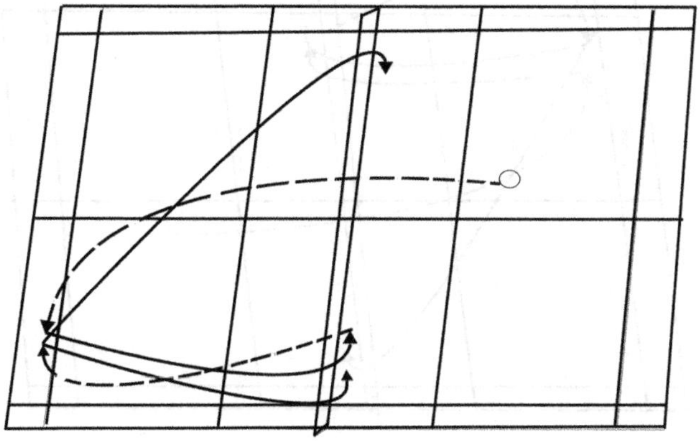

图 198

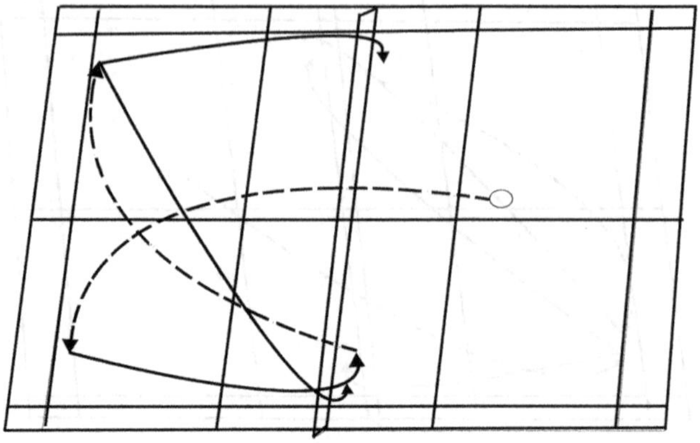

图 199

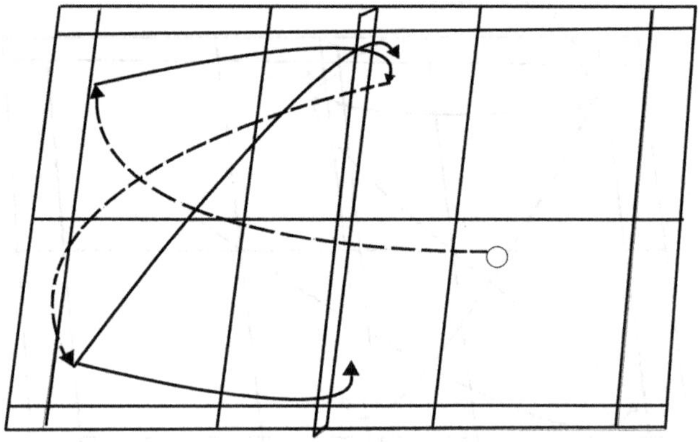

图 200

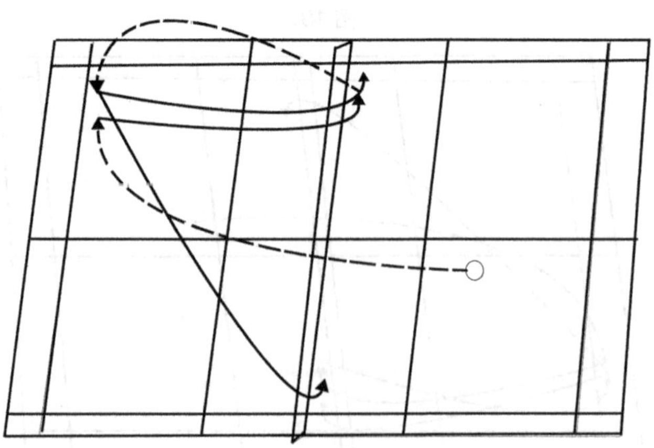

图 201

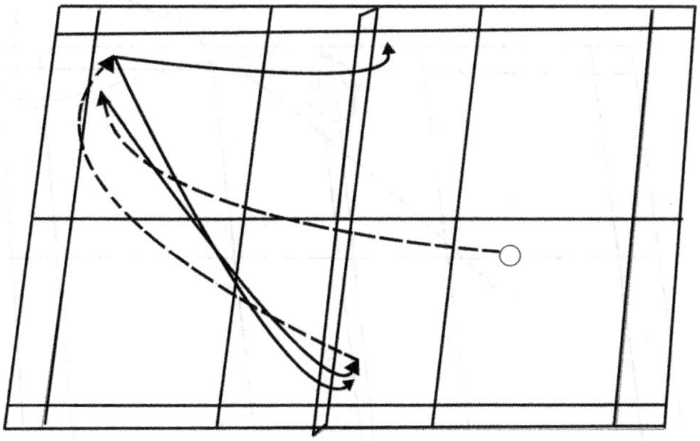

图 202

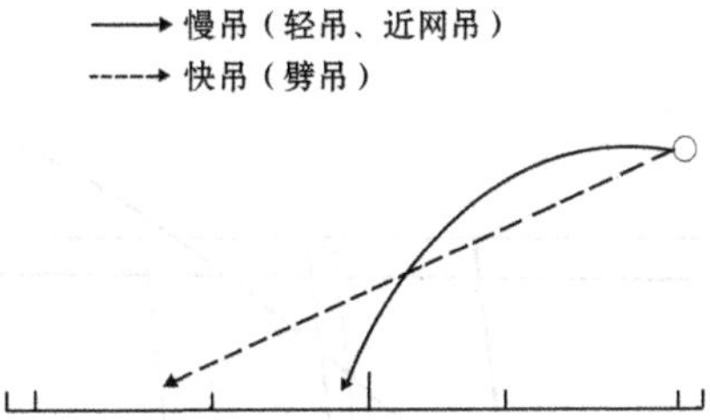

图 203

4. 连续使用杀球的进攻战术

当对手在防守中习惯于反拉后场球时，可以采用连续杀球的进攻战术。

杀球进攻过程中可采用轻杀或短杀、长杀与短杀相结合、重杀与与轻杀相结合，反复调动对手，加大其移动的范围，增加其防守的难度，从而寻找到胜机。

5. 连续使用搓球的进攻战术

比赛中如果对手网前搓球后常常快速回位至中场，己方可采用连续搓球的战术，以打乱对手的快速回位意图，从而获得主动。（图 204 ~ 图 207）

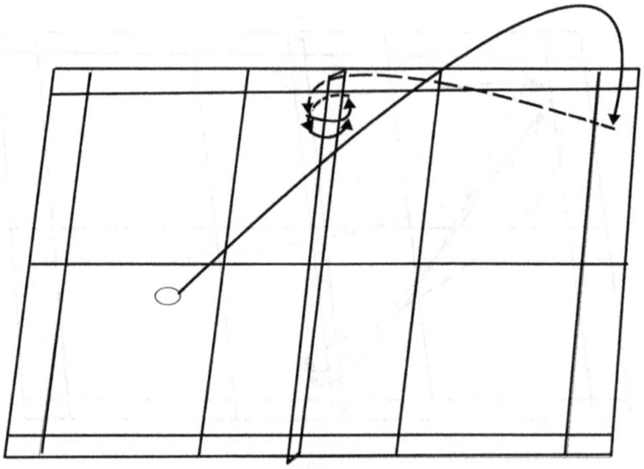

图 204

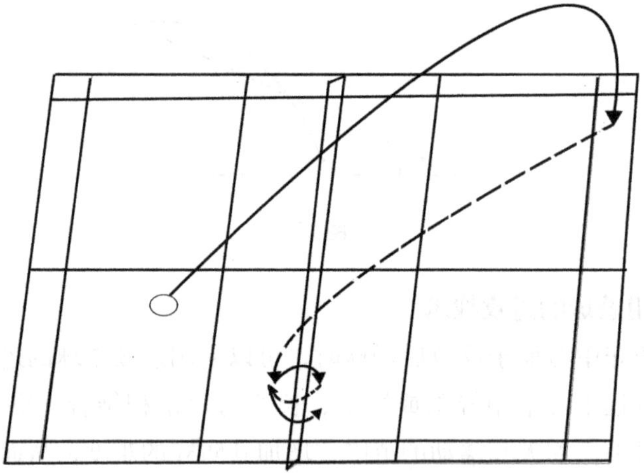

图 205

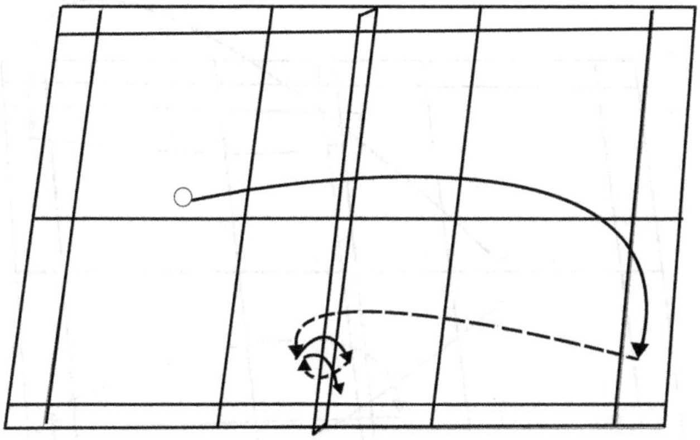

图 206

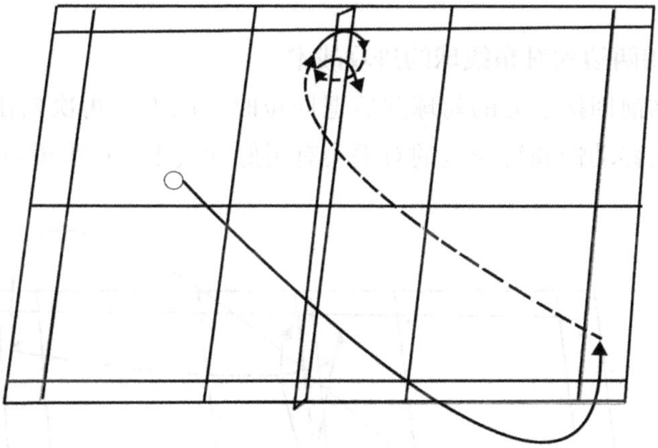

图 207

6. 连续使用推球的进攻战术

如果对手网前回球后快速回位至中场，己方可采用连续推直线球的战术，以争得主动。（图 208）

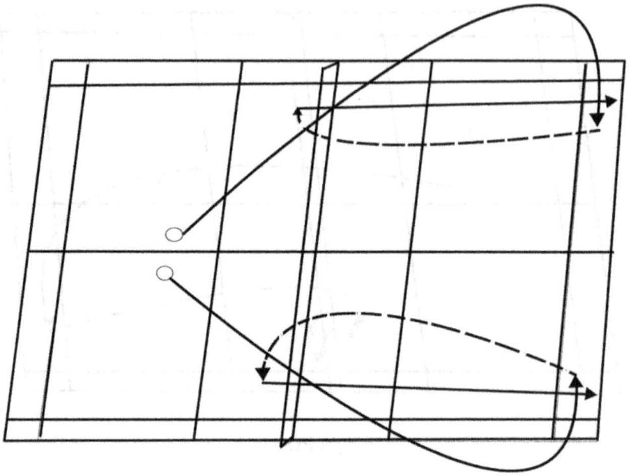

图 208

7. 连续使用两边勾对角线球的进攻战术

如果对手网前回搓己方的勾球并后退回位时，己方可再次勾出一个对角线球。这种战术对步法移动慢和转身慢的对手会有很好的效果。（图 209）

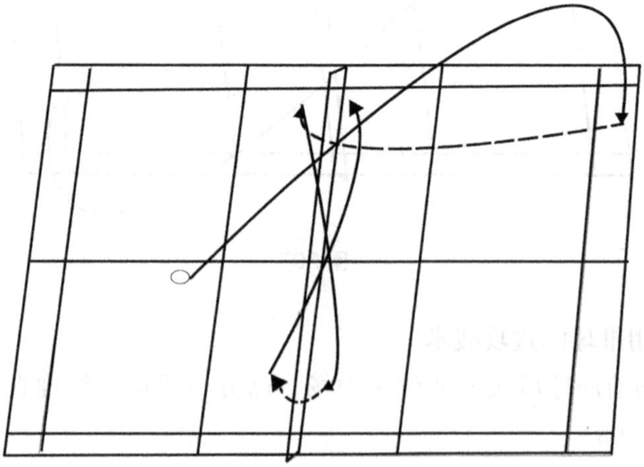

图 209

（四）单个击球技术相互结合的进攻战术

比赛中除根据对手特点采取的连续使用某一个击球技术的进攻战术外，也经常多个击球技术相互结合，在某一个回合里加以使用，以获得比赛的主动。

1. 拉、吊结合杀球的进攻战术

此战术应根据对手的特点，采用不同的拉、吊方法。对于体力较差的对手，可采用多拍拉后场平高球，结合吊网前两边球，来使其不断地在前、后场接球、回位，再接球、再回位，以消耗其体力，最终回出中场或前场高球，使己方得到杀球致胜的机会；对于步伐移动较慢的对手，可采用多拍拉平高球至后场，结合吊前场球的战术，乱其步法，令其回出机会球，使己方得到杀球致胜的机会；如对手反手击球能力差，可采用连续拉球至对手后场反手区，使其使用反手回球，或用头顶击球来弥补反手击球的不足，再结合吊球，逼其回出中场高球，从而找到杀球进攻的机会。

2. 杀、吊上网的进攻战术

对于网前技术较差的对手，如其回击后场高球，己方可采用劈吊、点杀等技术将球下压，落点选择在两边线附近，将对手调至网前，己方继而采用搓球、勾球和推球来取得主动，创造出中场杀球的机会。采用此战术时，己方必须能很好地控制杀、吊球落点，才能使对手被动回球，而使己方迅速主动上网。

二、单打防守战术

比赛中双方均有攻、守的转换，当己方处于防守时，应采取积极防守的原则，即根据对手的进攻特点，积极调整战术，变被动为主动，并伺机由守转攻。

（一）回击底线高远球进行防守的战术

比赛中采用多拍将高远球击向对手底线（图 210），以等待对手回出质量不高的球，从而抓住机会，争取到主动权，继而由守转攻。这里需要记住的是，防守采用的高球是高远球，而非平高球，反之，进攻采用的高球是平高球，非高远球。

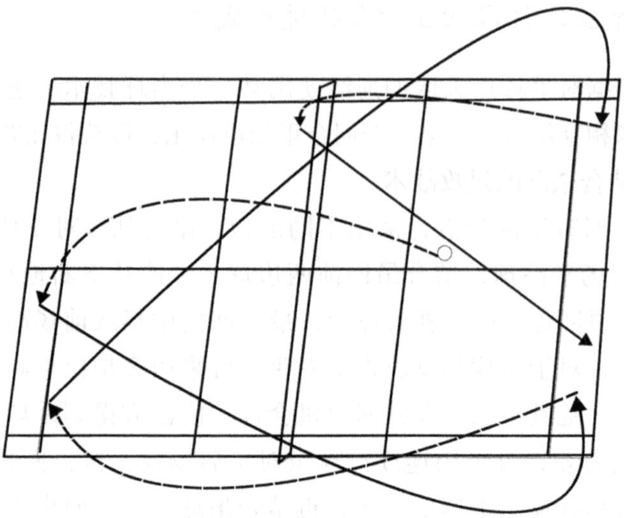

图 210

（二）使用网前击球技术进行防守的战术

比赛中准确判断对手进攻中球在网前的落点，防守时采用勾对角网前，结合挡直线网前或挡直线半场球，积极进行防守，伺机寻得由守转攻的机会。（图 211）

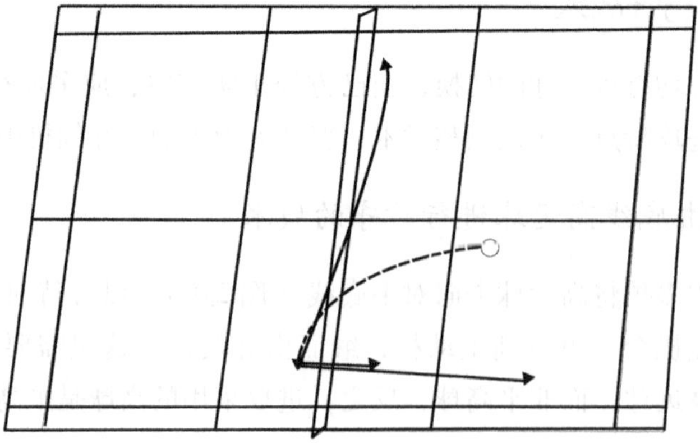

图 211

第二节 双打战术

双打，顾名思义是比赛双方各有两名队员。与单打相比，场地宽度增加了92厘米，但接发球区缩短了76厘米。这就使得双打比赛较之单打比赛速度更快、竞争更加激烈。同时也要求两名队员技术全面、攻守兼备、配合默契，以及在场上要相互信任、相互鼓励，多进行交流和沟通。

一、发球战术

双打比赛的发球，其质量的好坏直接关系着场上的局势。因此，应根据对手接发球站位及技术特点，应用好发球战术，这对于场上局势的控制具有重要的意义。

（一）根据接发球方站位进行发球

1. 接发球方的站位离后发球线及中线适中

由于双打接发球区比单打缩短了76厘米，若发高远球，对方可直接起跳扣杀，所以，发球方应以发前场近网1、2号区球为主。如果对方以保护后场为主，对前场进行放球、搓球、推球，则可对弧线较高的回球进行第三拍网前扑球、中场及后场跳杀。

2. 接发球方的站位离前发球线近且靠近接发球右区中央

可发后场3、4号区平高球，甚至可以发平射球偷袭对手右接发球区3号位反手（图212），以获得第三拍的进攻机会。

（二）变化发球时间进行发球

发球时间应快慢结合，让对方摸不准击球时间，不能进行准确判断，打乱其起动和回击球的节奏，以利发球方掌握主动。

（三）抓住对手打法上的弱点进行发球

1. 根据对手接发球的弱点进行发球

利用对手在左右场区的某个或某几个区接发球的弱点，有针对性地对这几个区进行发球。

2. 根据对手网前、后场击球能力上的弱点进行发球，打乱其队形

对于网前技术好的对手，发后场球为主，使其进行后场回球。对于后场进攻能力强的对手，发前场球为主，调其到前场回球，让另一个对手回后场回球，这样可以打乱对手的队形，使其长处得不到发挥。（图 213）

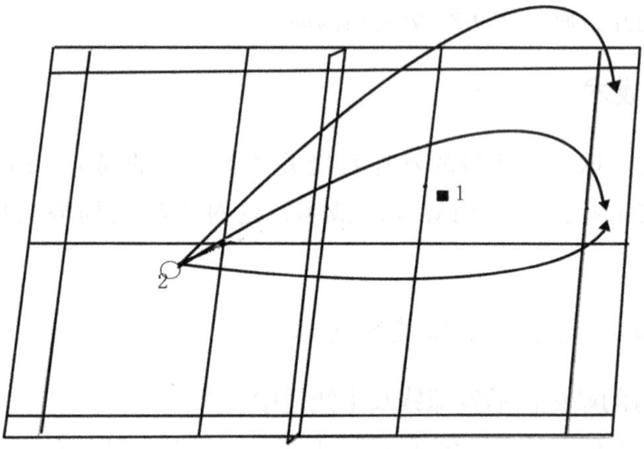

图 212

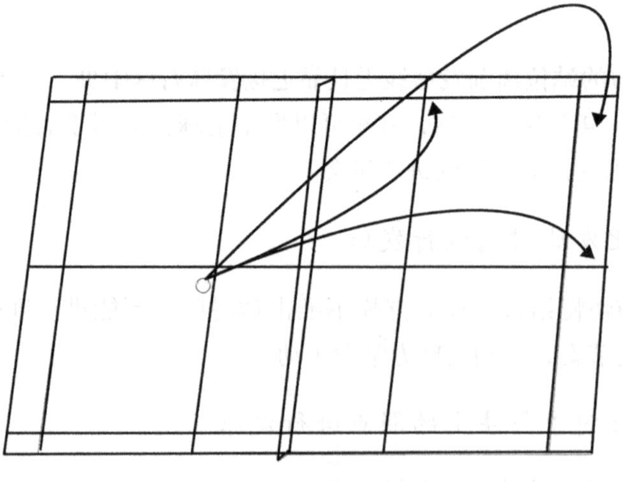

图 213

二、接发球战术

接发球于发球来说相对被动，但只要根据对手发球、第三拍回球的质量，以及在前、后场的击球能力和站位，也可以找到变被动为主动的机会。

（一）接发网前球

如果对手发来的网前球弧度较高，可以快速上网将球追身扑向对手（图 214）。如果对手前后站位，且发来的网前球弧度控制较好，可以用平高球回击至发球者身后 4 号区，让站位靠后的对手到 4 号区回球，然后再将对手的回球击到底线另一角，调动站位靠后的对手在底线来回移动，扩大其防守范围（图 215）。如果对手发 2 号区球，可以用搓球将球回击到该对手侧的边线处，或将球沿边线快速平推至后场或轻推至中场（图 216）。

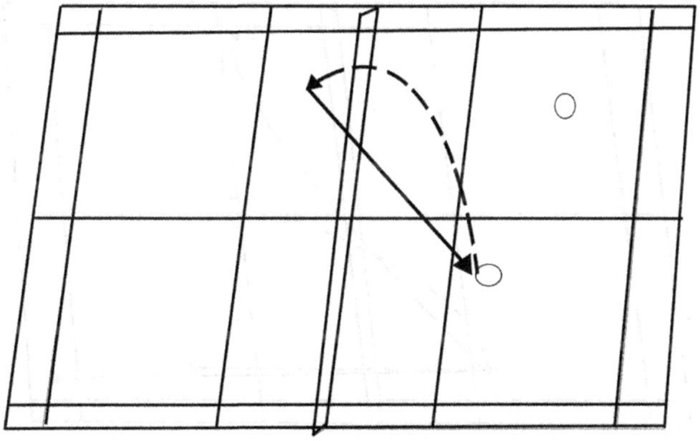

图 214

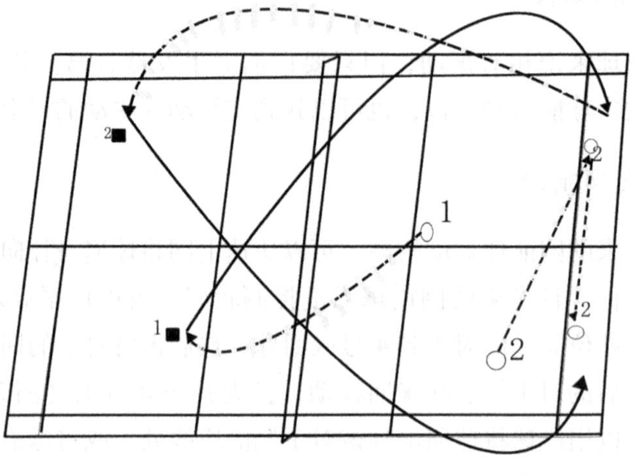

图 215

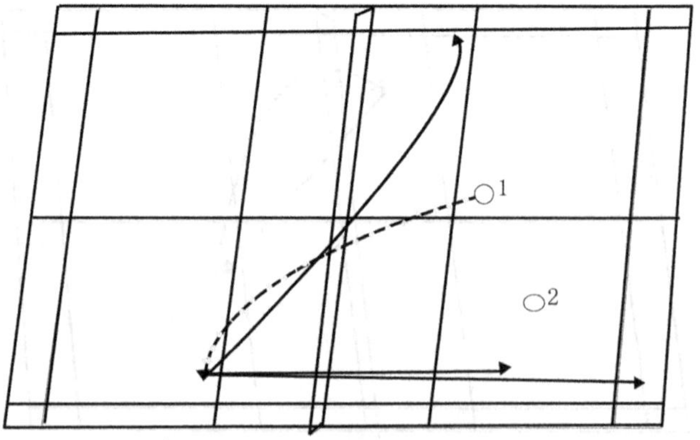

图 216

（二）接发后场球

如果对手发来后场球，则应快速启动进行扣杀，可对发球者追身扣杀（图217）；如不能快速启动进行扣杀，则应以平高球回击至对方底线两端（图218）。如果发球者发球后后退准备接杀球，则可将球拦吊至网前两角（图219）。

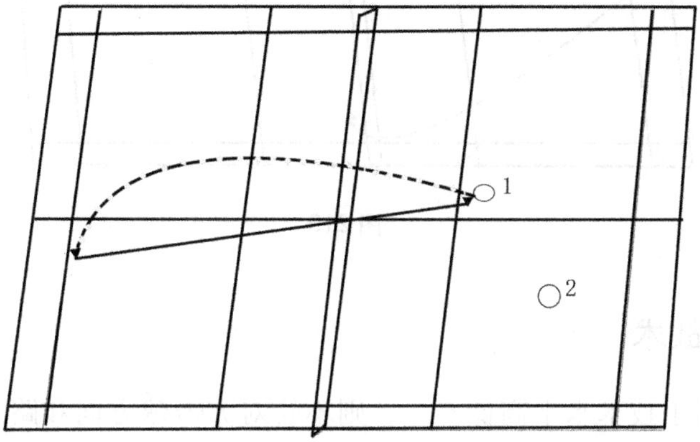

图 217

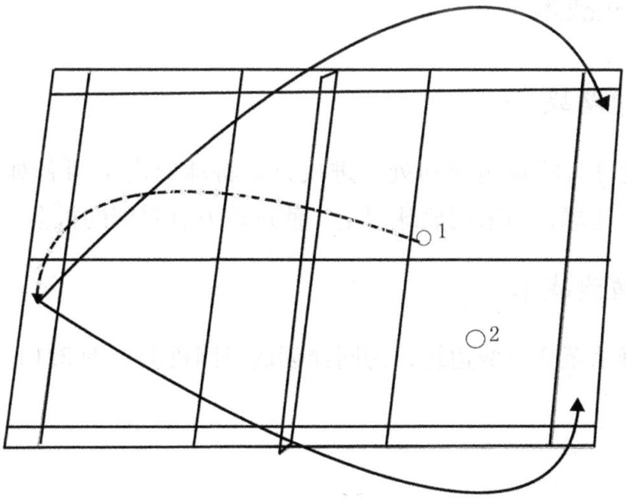

图 218

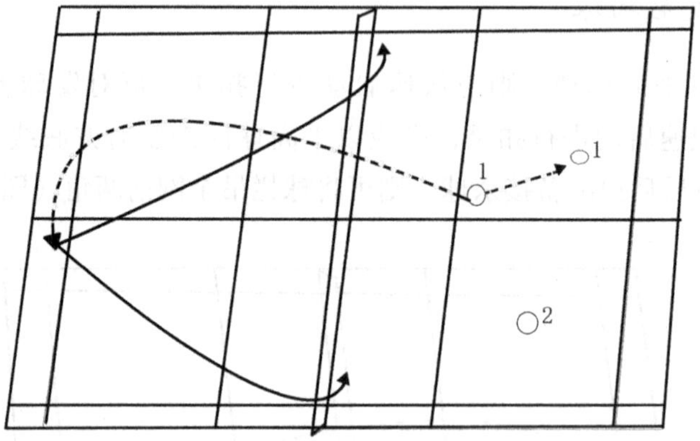

图 219

三、攻人战术

如果两名对手技术水平高低不一，则不管对方击球方向和路线，己方无论谁击球，都将球击向能力较弱的这名对手，往往能逼出机会球，这就是攻人战术，是双打中常采用的一种战术。

四、攻区域战术

（一）攻中路战术

进攻中无论守方将球击至何处，进攻方均将球回击至两名对手的中间，造成其抢接球或互相让球，而采用放球回击，使进攻方有封网的机会。（图 220）

（二）攻边线战术

进攻中将球杀至守方两边线，为同伴创造封网机会（图 221）。

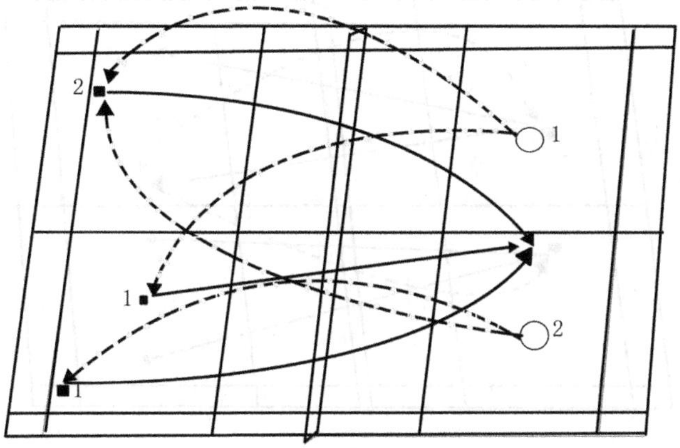

图 220

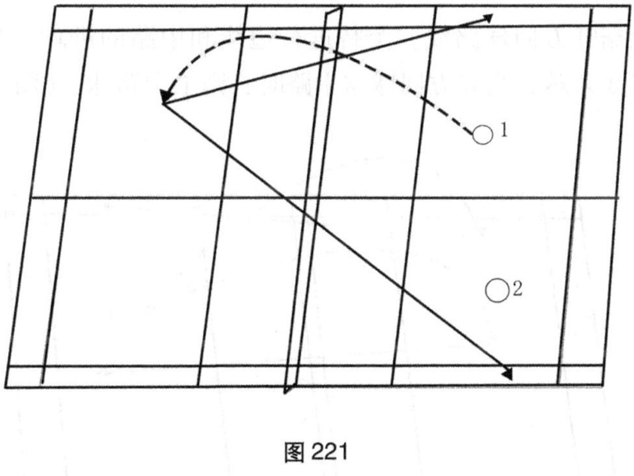

图 221

（三）攻身体两侧战术

这是在进攻中将球交叉杀向一名对手身体两侧的战术。可以对其中一名对手身体两侧进行交叉杀球，也可以根据对手回球转而对另一名对手身体两侧进行交叉杀球。（图 222）

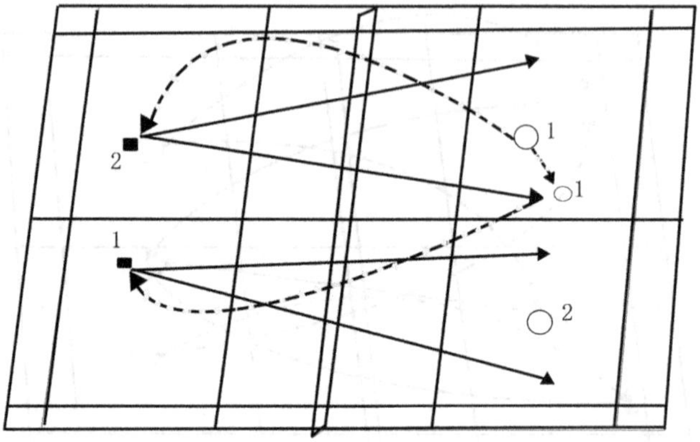

图 222

（四）攻边线和攻中路相结合的战术

进攻中可根据守方回球路线，交替进行边线和中路的进攻。当守方回球靠边线时，沿边线直线杀球，当守方回球靠中路时，则杀中路球。（图 223）

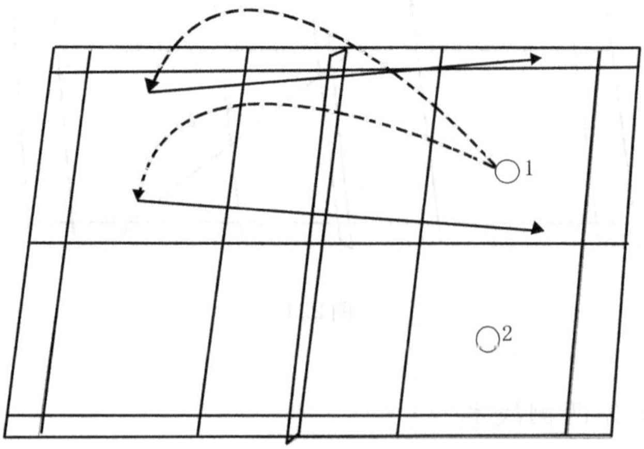

图 223

（五）对角攻边线战术

进攻中无论守方将球回至何处，进攻方均将球对角杀向守方边线。（图 224）

（六）攻对角和攻直线相结合的战术

进攻中可以采用对守方边线交替进行对角和直线进攻。（图 225）

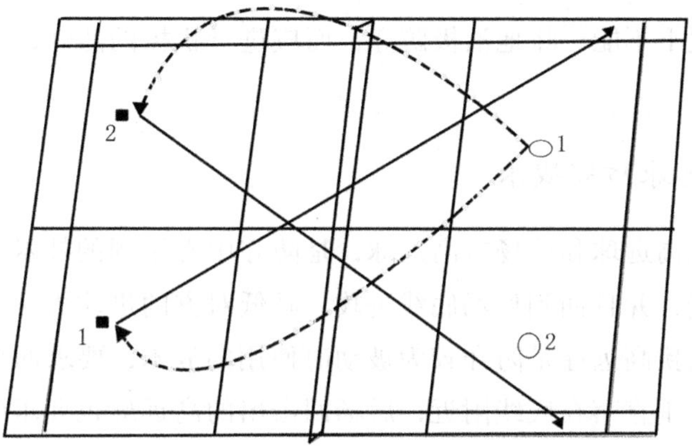

图 224

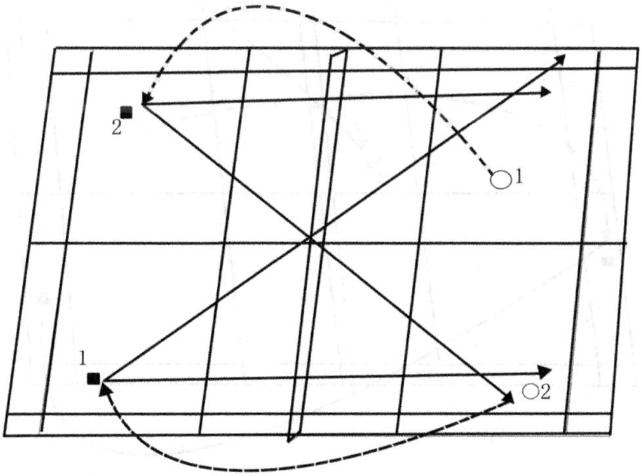

图 225

五、前封后攻战术

进攻方在进攻中将后场攻击能力强的队员放在后场，将网前能力强的另一名队员放在前场，后场队员可以连续杀球进攻，守方若回球至前场，则前场队员可用搓球、勾球、推球、扑球封住网前，或用拦吊、点杀控制前场。

六、防守战术

在被动情况下不能一味地消极防守，而应进行积极的防守，寻找出由守转攻的机会。

（一）高远球防守战术

包括网前挑高远球和后场击高远球，是防守中常用到的技术，目的是使对方的进攻速度减慢，并且回到后场底线进攻，降低对方的进攻力量，以利己方进行守中反攻。网前挑高远球是防守较为被动时使用的战术，要求回出的高远球弧线高，这样可使球垂直落在底线附近；后场回击出的高远球也要求弧线高，落点在底线附近。（图 226）

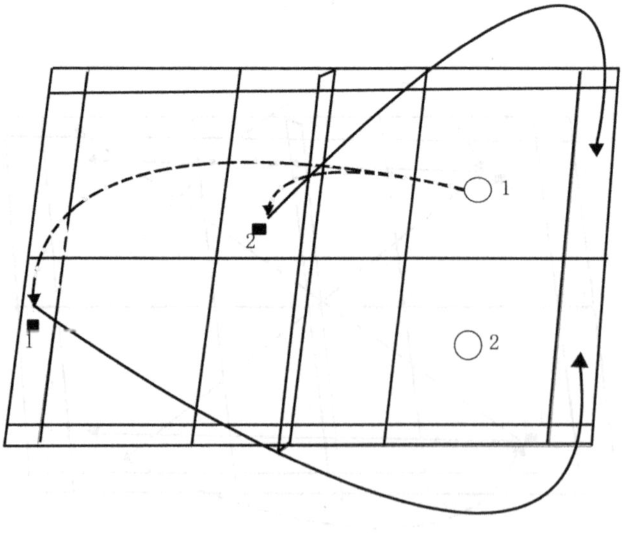

图 226

（二）平高球防守战术

包括网前挑平高球和中后场回击平高球，击出的平高球的高度以对手不能触球的高度为宜，落点在对方后场两角（图 227）或底线附近（图 228）。由于平高球较之高远球速度快，对手必须快速移动回球，否则其无法进行连续进攻，也就意味着己方可以找寻到守中反攻的机会。

（三）抽、挡防守战术

当对方连续杀球时，可根据来球的线路及落点，采用抽、挡回球（图 229～图 231）。抽、挡回击的球只要求平、快，落点可以不要求到底线，是一种防守反击的打法。

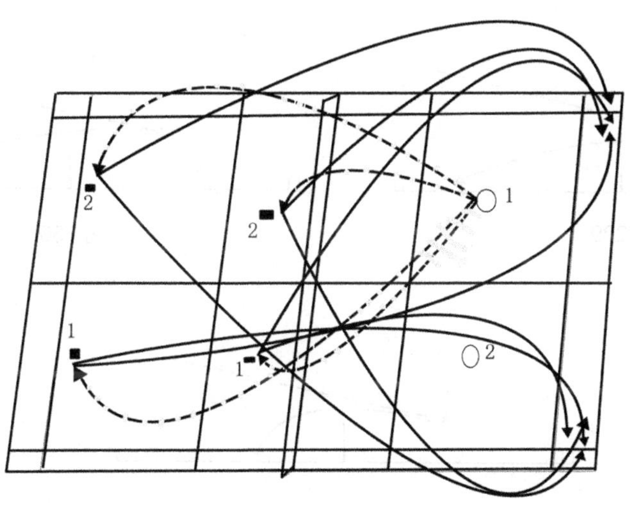

图 227

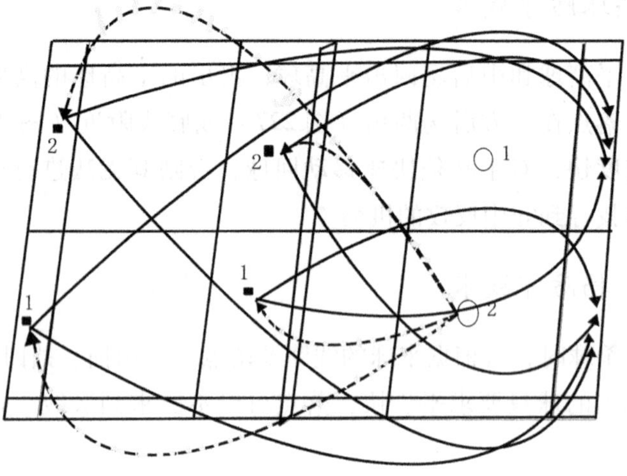

图 228

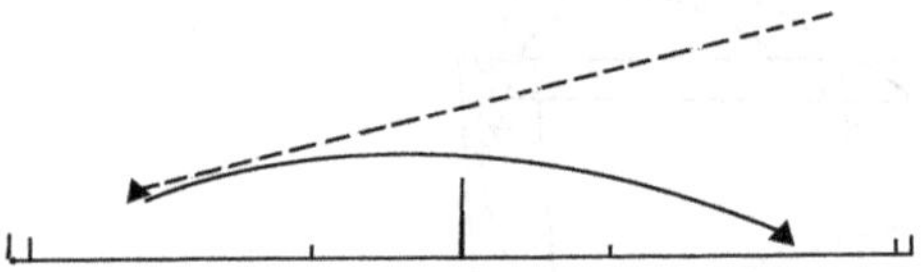

图 229

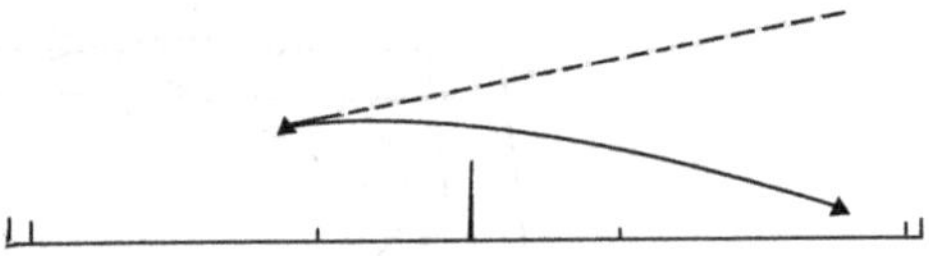

图 230

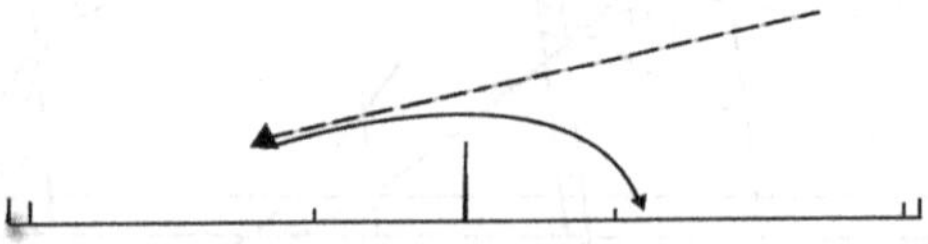

图 231

七、防守的球路

（1）如对方攻球后站位于同一半场区，则将球回击至进攻方的另一半场区前场或后场边线处（图 232）。如对方网前队员回后场击球或助攻，而后场队员仍留在后场，可将球回至网前或中路（图 233）。

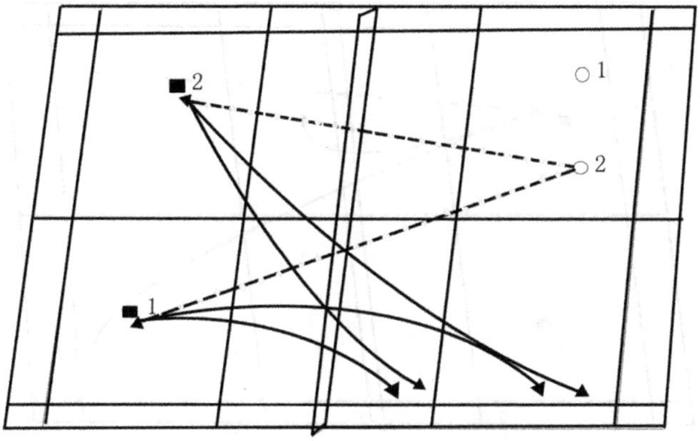

图 232

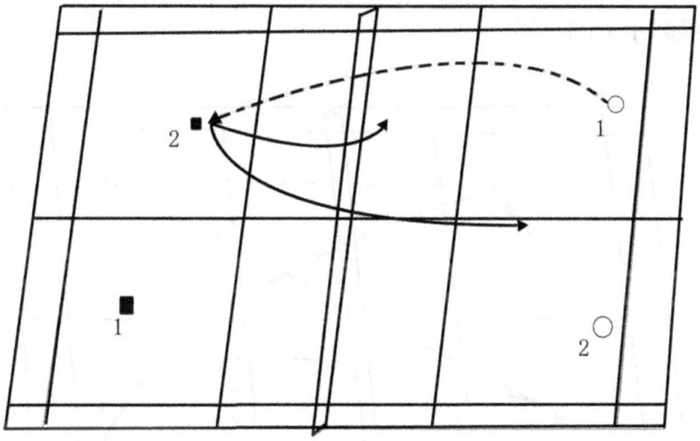

图 233

（2）如对方为前后对角站位进攻，则可将球回至后场杀球者的网前，或将球回至网前对手的后场（图 234）。

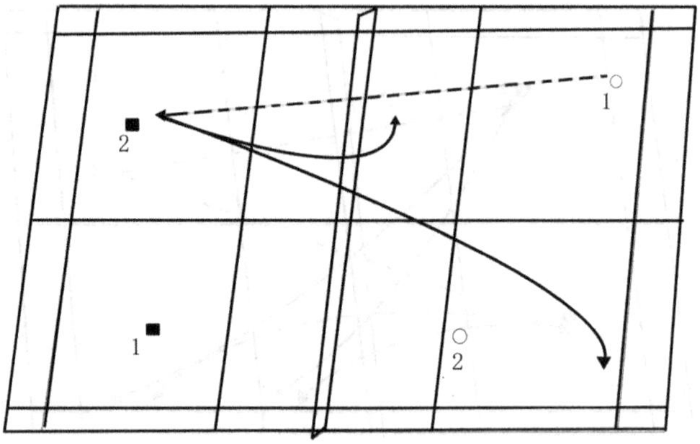

图 234

（3）对方杀来直线球时，回击对角球，对方杀来对角球时，回击直线球，以调动杀球者来回移动（图 235）。

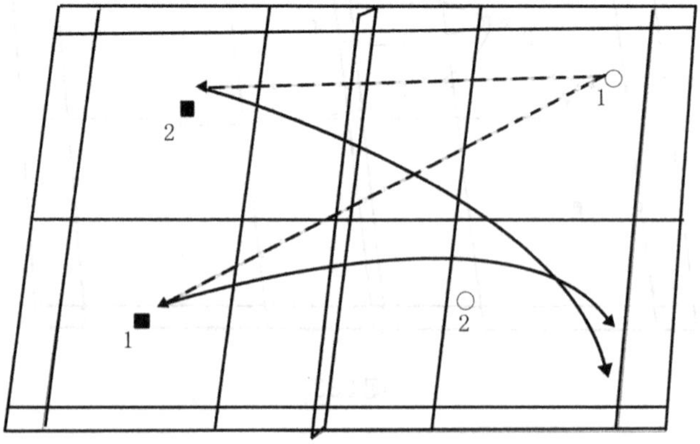

图 235

第五章　羽毛球竞赛规则及比赛编排

第一节　国际羽联羽毛球规则（中英文对照）

一、LAWS OF BADMINTON（羽毛球规则）

DEFINITIONS

定义

Player：Any person playing Badminton.

球员：任何打羽毛球的人。

Match：The basic contest in Badminton between opposing sides each of one or two players.

比赛：双方进行的羽毛球基本竞赛，每方一名或两名球员。

Singles：A match where there is one player on each of the opposing sides.

单打：每方有一名球员进行的比赛。

Doubles：A match where there are two players on each of the opposing sides.

双打：每方有两名球员进行的比赛。

Serving side：The side having the right to serve.

发球方：有发球权的一方。

Receiving side：The side opposing the serving side.

接发球方：与发球方相对的另一方。

Rally：A sequence of one or more strokes starting with the service，until the shuttle ceases to be in play.

连续对打：从发球开始直至羽毛球停止飞行的一系列击球。

Stroke: A forward movement of the player's racket.

一次击球：球员球拍的一次向前运动。

1 COURT AND COURT EQUIPMENT

球场及球场设施

1.1 The court shall be a rectangle marked out with lines 40 mm wide as shown in Diagram A.

球场应为一个长方形场地，以40mm宽的线条勾画，如图A所示。

1.2 The lines marking out the court shall be easily distinguishable and preferably be coloured white or yellow.

勾画球场的线条应容易识别，最好使用白色或黄色。

1.3 All the lines shall form part of the area which they define.

所有线条都是它们所定义的区域的组成部分。

1.4 The posts shall be 1.55 metres in height from the surface of the court and shall remain vertical when the net is strained as provided in Law 1.10. The posts or its supports shall not extend into the court.

网柱距球场地面的高度应为1.55m，在球网按第1.10条款的要求拉紧时，网柱应与场地保持垂直。

1.5 The posts shall be placed on the doubles side lines as in Diagram A irrespective of whether singles or doubles is being played.

无论是单打还是双打比赛，网柱都应位于图A所示的双打边线之上。

1.6 The net shall be made of fine cord of dark colour and even thickness with a mesh of not less than 15 mm and not more than 20 mm.

球网应由深色、粗细均匀的优质绳索组成，网孔大小应在15至20mm之间。

1.7 The net shall be 760 mm in depth and at least 6.1 metres wide.

球网应为760mm高，至少6.1m宽。

1.8 The top of the net shall be edged with a 75 mm white tape doubled over a cord or cable running through the tape. This tape shall rest upon the cord or cable.

球网的上端应有一条75mm宽的双层白色带子，内裹一条绳索或绳缆贯穿其中。带子依靠中间的绳索支撑。

1.9　The cord or cable shall be stretched firmly, flush with the top of the posts.

该绳索或绳缆应可以在两根网柱的上端稳固地伸拉平直。

1.10　The top of the net from the surface of the court shall be 1.524 metres at the centre of the court and 1.55 metres over the side lines for doubles.

球网上端距球场地面的高度，在球场中间处应为1.524m，在双打边线处应为1.55m。

1.11　There shall be no gaps between the ends of the net and the posts. If necessary, the full depth of the net at the ends shall be tied to the posts.

球网左右两边与网柱间不应留有空隙。如有必要，球网的下端应绑定在网柱上。

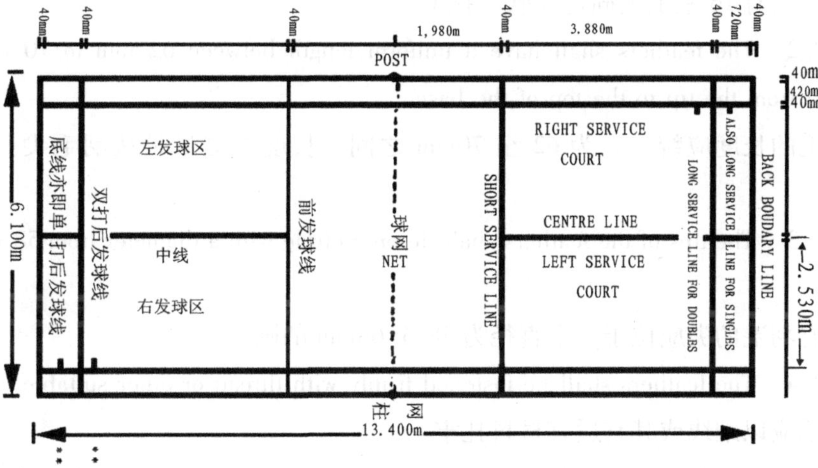

DIAGRAM A（图A）

Note:（注:）(1) Diagonal length of full court = 14.723m

整个球场的对角线长度 = 14.723m

(2) Court as shown above can be used for both singles and doubles play.

上图所示球场可用于单打或双打。

(3) * * * Optional testing marks as shown in Diagram B.

* * * 为检验球速区标记（图B）。

2 SHUTTLE

羽毛球

2. 1 The shuttle shall be made of natural and / or synthetic materials. From whatever material the shuttle is made, the flight characteristics generally shall be similar to those produced by a natural feathered shuttle with a cork base covered by a thin layer of leather.

羽毛球可以用天然或合成的材料制作。无论使用何种材料制成，羽毛球的飞行特性都应该近似于用天然羽毛和带有皮革薄层的软木所制成的羽毛球。

2. 2 Feathered Shuttle

用羽毛制作的球

2. 2. 1 The shuttle shall have 16 feathers fixed in the base.

球上应有 16 根羽毛固定在软木托上。

2. 2. 2 The feathers shall have a uniform length between 62 mm to 70 mm when measured from the tip to the top of the base.

羽毛的长度应统一，为 62 至 70mm 之间，长度的测量是从羽毛尖到球托的顶部。

2. 2. 3 The tips of the feathers shall lie on a circle with a diameter from 58 mm to 68 mm.

所有羽毛的尖应位于一个直径为 58 至 68mm 的圆上。

2. 2. 4 The feathers shall be fastened firmly with thread or other suitable material.

羽毛应以细线或其它适宜材料扎牢。

2. 2. 5 The base shall be 25 mm to 28 mm in diameter and rounded on the bottom.

球托的直径应为 25 至 28mm，底部为圆球形。

2. 2. 6 The shuttle shall weigh from 4. 74 to 5. 50 grams.

球的重量应为 4. 74 至 5. 50 克。

2. 3 Non – Feathered Shuttle

非羽毛制作的球

2. 3. 1 The skirt, or simulation of feathers in synthetic materials, shall replace natural feathers.

以合成材料制成的裙状物体或羽毛状物体替代天然羽毛。

2.3.2　The base shall be as described in Law 2.2.5.

球托要求同第 2.2.5 款。

2.3.3　Measurements and weight shall be as in Laws 2.2.2, 2.2.3 and 2.2.6. However, because of the difference in the specific gravity and other properties of synthetic materials in comparison with feathers, a variation of up to 10 per cent shall be acceptable.

尺寸和重量的要求同第 2.2.2、2.2.3 款和 2.2.6 款。但是，由于合成材料在重力作用及其他特性方面与天然羽毛的差异，10% 以内的偏差是可接受的。

2.4　Subject to there being no variation in the general design, speed and flight of the shuttle, modifications in the above specifications may be made with the approval of the Member Association concerned, in places where atmospheric conditions due to either altitude or climate make the standard shuttle unsuitable.

为保持羽毛球的设计、速度和飞行特性不变，在有关成员协会同意的前提下，以上规格可以改变，以适应不同地方因大气条件，如海拔或气候，导致标准羽毛球不适用。

3　TESTING A SHUTTLE FOR SPEED（测试羽毛球的速度）

3.1　To test a shuttle, a player shall use a full underhand stroke which makes contact with the shuttle over the back boundary line. The shuttle shall be hit at an upward angle and in a direction parallel to the side lines.

测试羽毛球时，一位球员应在球场后底线使用全力进行下手击球，球应以上前方角度被击打，并平行于边线。

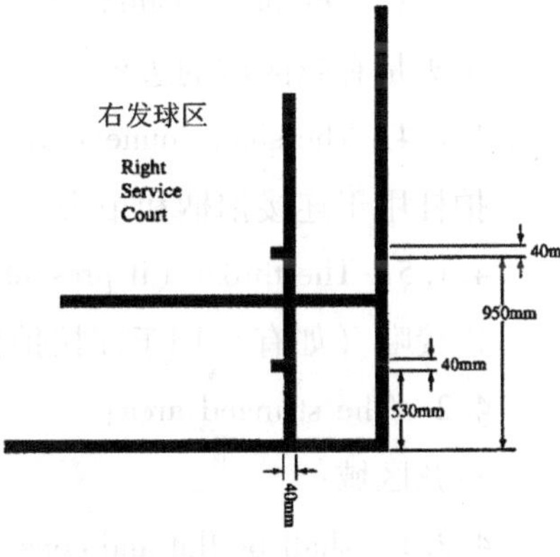

DIAGRAM B（图 B）

3.2　A shuttle of correct speed will land not less than 530 mm and not more than 990 mm short of the other back boundary line as in Diagram B.

正确速度的羽毛球应在比球场另一侧后底线短 530 至 990mm 的地方落地，如图 B 所示。

4 RACKET

球拍

4.1 The racket shall be a frame not exceeding 680 mm in overall length and 230 mm in overall width consisting of the main parts described in Laws 4. 1. 1 to 4. 1. 5 as illustrated in Diagram C.

球拍的全长不应超过 680mm，宽度不应超过 230mm，球拍由以下 4. 4. 1 ~4. 4. 5 款所述的主要部分组成，如图 C。

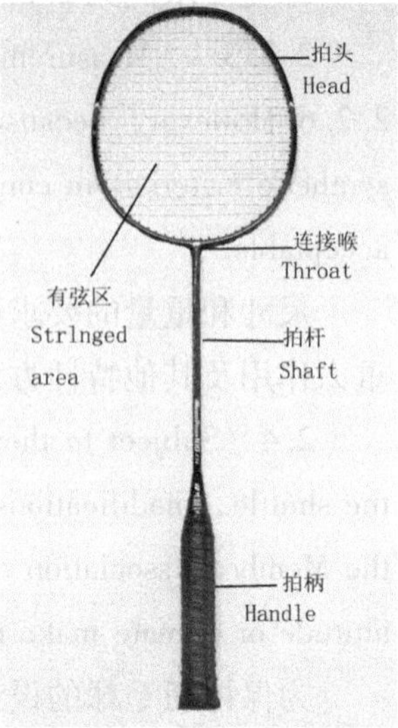

DIAGRAM C（图 C）

4. 1. 1 The handle is the part of the racket intended to be gripped by a player.

拍柄是球拍上给球员抓握的部分。

4. 1. 2 The stringed area is the part of the racket with which it is intended that a player hits the shuttle.

球拍上有弦的区域是用于球员击打羽毛球的部分。

4. 1. 3 The head bounds the stringed area.

拍头是有弦区域的边界。

4. 1. 4 The shaft connects the handle to the head（subject to Law 4. 1. 5）.

拍杆用于连接拍柄和拍头（参见第 4. 1. 5 款）。

4. 1. 5 The throat（if present）connects the shaft to the head.

连接喉（如有）用于连接拍杆与拍头。

4. 2 The stringed area：

有弦区域：

4. 2. 1 shall be flat and consist of a pattern of crossed strings either alternately interlaced or bonded where they cross. The stringing pattern shall be generally uniform and, in particular, not less dense in the centre than in any other area; and

应平整，由相互交叉的拍弦构成，拍弦的距离应一致、均匀，不能出现中间部分比其他部分密的情况；并且

4.2.2 shall not exceed 280 mm in overall length and 220 mm in overall width. However, the strings may extend into an area which otherwise would be the throat, provided that:

长度不超过280mm，宽度不超过220mm。但是拍弦可以扩展至连接喉的区域，倘若：

4.2.3 the width of the extended stringed area does not exceed 35 mm; and

扩展部分的弦的宽度不超过35mm，并且

4.2.4 the overall length of the stringed area does not then exceed 330 mm.

有弦区域的最大长度不超过330mm。

4.3 The racket:

球拍：

4.3.1 shall be free of attached objects and protrusions, other than those used solely and specifically to limit or prevent wear and tear, or vibration, or to distribute weight, or to secure the handle by cord to the player's hand, and which are reasonable in size and placement for such purposes; and

不允许有附加物和突出部，除非是为了防止磨损、断裂、震动，或调整重心，或预防球拍脱手而将拍柄系在手上的绳索等单独特定得附加物，但尺寸和位置应合理；并且

4.3.2 shall be free of any device that makes it possible for a player to change materially the shape of the racket.

不允许改变球拍的规定式样。

5 EQUIPMENT COMPLIANCE

器材的符合性

The International Badminton Federation shall rule on any question of whether any racket, shuttle or equipment or any prototype used in the playing of Badminton complies with the specifications. Such ruling may be undertaken on the Federation's initiative or on application by any party with a bona fide interest, including any player, technical official, equipment manufacturer or Member Association or member thereof.

国际羽毛球联合会有权裁定比赛所用的球拍、羽毛球或其他器材是否符合以

上规格。

6 TOSS

掷币

6.1 Before play commences, a toss shall be conducted and the side winning the toss shall exercise the choice in either Law 6.1.1 or 6.1.2:

比赛开始前，要进行掷币，胜出一方可以选择6.1.1 或6.1.2 之一：

6.1.1 to serve or receive first;

先发球或先接发球；

6.1.2 to start play at one end of the court or the other.

选择某一方球场开始比赛。

6.2 The side losing the toss shall then exercise the remaining choice.

掷币为负的一方进行另一项选择。

7 SCORING SYSTEM

记分系统

7.1 A match shall consist of the best of three games, unless otherwise arranged (Appendix 2 and 3).

一场比赛应该为三局两胜制，除非另有安排（附录2 和3）。

7.2 A game shall be won by the side which first scores 21 points, except as provided in Law 7.4 and 7.5.

一局比赛中先得21 分的一方为胜，第7.4 和7.5 款的情况除外。

7.3 The side winning a rally shall add a point to its score. A side shall win a rally, if the opposing side commits a 'fault' or the shuttle ceases to be in play because it touches the surface of the court inside the opponent's court.

赢得一次连续对打的一方加一分。赢得一次连续对打是指，对方违例或羽毛球因接触对方球场的地面而停止飞行。

7.4 If the score becomes 20 - all, the side which gains a two point lead first, shall win that game.

如果比分为20 平，首先赢得2 分领先的一方为胜。

7.5 If the score becomes 29 - all, the side scoring the 30th point shall win that game.

如果比分为 29 平，得到 30 分的一方为胜。

7.6　The side winning a game shall serve first in the next game.

本局胜方将获得下一局的发球权。

8　CHANGE OF ENDS

交换场区

8.1　Players shall change ends:

球员应在以下情况交换场区：

8.1.1　at the end of the first game;

第一局结束时；

8.1.2　at the end of the second game, if there is to be a third game; and

第二局结束时且有第三局；和

8.1.3　in the third game when a side first scores 11 points.

第三局某一方先得 11 分时。

8.2　If the ends are not changed as indicated in Law 8.1, it shall be done so as soon as the mistake is discovered and when the shuttle is not in play. The existing score shall stand.

如果第 8.1 款所要求的换边没有被执行，则应在发现错误后且羽毛球没有在打时，立即交换场地，并保持已有分数不变。

9　SERVICE

发球

9.1　In a correct service:

正确的发球：

9.1.1　neither side shall cause undue delay to the delivery of the service once the server and the receiver are ready for the service. On completion of the backward movement of server's racket head, any delay in the start of the service (Law 9.2), shall be considered to be an undue delay;

一旦发球和接发球双方准备好发球，则任何一方都不得故意拖延发球。在发球方的球拍拍头后向移动完成后，任何对发球开始（第 9.2 款）的拖延，都可以被视为故意拖延。

9.1.2 the server and the receiver shall stand within diagonally opposite service courts (Diagram A) without touching the boundary lines of these service courts;

发球方与接发球方应站在对角的发球区内（图 A），不得接触各自发球区的边界线。

9.1.3 some part of both feet of the server and the receiver shall remain in contact with the surface of the court in a stationary position from the start of the service (Law 9.2) until the service is delivered (Law 9.3);

发球方和接发球方的双脚都必须接触球场地面，在发球开始（第 9.2 款）直至发球结束（第 9.3 款），双脚不得移动。

9.1.4 the server's racket shall initially hit the base of the shuttle;

发球方的球拍必须最初击打球的球托部分。

9.1.5 the whole shuttle shall be below the server's waist at the instant of being hit by the server's racket. The waist shall be considered to be an imaginary line round the body, level with the lowest part of the server's bottom rib;

整个羽毛球在被球拍击打时必须低于发球方的腰部，腰部可以假想为围绕身体的一条线，位于发球者最低一根肋骨的最低部分。

9.1.6 the shaft of the server's racket at the instant of hitting the shuttle shall be pointing in a downward direction;

发球方球拍的拍杆在击球时必须指向下方。

9.1.7 the movement of the server's racket shall continue forwards from the start of the service (Law 9.2) until the service is delivered (Law 9.3);

发球方球拍在发球开始（第 9.2 款）直至发球结束（第 9.3 款），必须保持连续向前运动。

9.1.8 the flight of the shuttle shall be upwards from the server's racket to pass over the net so that, if not intercepted, it shall land in the receiver's service court (i. e. on or within the boundary lines); and

羽毛球的飞行应该从发球方的球拍向前上方越过球网，如果没有被拦截，球应该落入接球方的发球区内（包括边界线上）；且

9.1.9　in attempting to serve, the server shall not miss the shuttle.

尝试发球时，发球方不得击不中球。

9.2　Once the players are ready for the service, the first forward movement of the server's racket head shall be the start of the service.

一旦球员准备好发球，发球方球拍拍头的首次向前移动即为发球开始。

9.3　Once started (Law 9.2), the service is delivered when the shuttle is hit by the server's racket or, in attempting to serve, the server misses the shuttle.

一旦发球开始（第9.2款），羽毛球被发球方球拍击中后，或企图发球但没有击中球，都视为发球结束。

9.4　The server shall not serve before the receiver is ready. However, the receiver shall be considered to have been ready if a return of the service is attempted.

接球方未准备好之前，发球方不得发球。但是如果接球方试图回球，则被视为已准备好。

9.5　In doubles, during the delivery of service (Law 9.2, 9.3), the partners may take up any positions within their respective courts, which do not unsight the opposing server or receiver.

双打的发球过程中（第9.2和9.3款），发球一方不发球的球员可位于本方球场内任意位置，但不得阻挡发球方与接球方的视线。

10　SINGLES

单打

10.1　Serving and receiving courts

发球与接发球区

10.1.1　The players shall serve from, and receive in, their respective right service courts when the server has not scored or has scored an even number of points in that game.

当发球方未得分或得分为偶数分时，双方球员应在本方场地的右发球区发球和接发球。

10.1.2　The players shall serve from, and receive in, their respective left service courts when the server has scored an odd number of points in that game.

当发球方得分为奇数分时，双方球员应在本方场地的左发球区发球和接发球。

10.2 Order of play and position on court

打球顺序及场地上的位置

In a rally, the shuttle may be hit by the server and the receiver alternately, from any position on that player's side of the net, until the shuttle ceases to be in play (Law 15).

在一次连续对打中，羽毛球应被发球方和接球方交替击打，从球员位于球网的一侧的任意位置，直至羽毛球停止（第15款）

10.3 Scoring and serving

记分与发球

10.3.1 If the server wins a rally (Law 7.3), the server shall score a point. The server shall then serve again from the alternate service court.

如果发球方赢得一次连续对打（第7.3款），则发球方记一分。发球方从另一个发球区再次发球。

10.3.2 If the receiver wins a rally (Law 7.3), the receiver shall score a point. The receiver shall then become the new server.

如果接发球方赢得一次连续对打（第7.3款），则接发球方记一分。接发球方成为新的发球方。

11 DOUBLES

双打

11.1 Serving and receiving courts

发球与接发球区

11.1.1 A player of the serving side shall serve from the right service court when the serving side has not scored or has scored an even number of points in that game.

当发球一方未得分或得分为偶数分时，发球一方的球员应在本方场地的右发球区发球。

11.1.2 A player of the serving side shall serve from the left service court when the serving side has scored an odd number of points in that game.

当发球一方得分为奇数分时，发球一方的球员应在本方场地的左发球区发球。

11.1.3 The player of the receiving side who served last shall stay in the same service court from where he served last. The reverse pattern shall apply to the receiver's partner.

接发球一方中最后发球的球员应在其最后发球时所处的发球区内，另一位球员则在另一个发球区内。

11.1.4 The player of the receiving side standing in the diagonally opposite service court to the server shall be the receiver.

接球一方中位于与发球球员对角线的发球区内的球员为接发球球员。

11.1.5 The players shall not change their respective service courts until they win a point when their side is serving.

球员不应交换各自的场区，除非作为发球方赢得一分。

11.1.6 Service in any turn of serving shall be delivered from the service court corresponding to the serving side's score, except as provided in Law 12.

按以上轮转规则进行发球可以保证发球区对应于发球方的得分，除非出现第12款中的情况。

11.2 Order of play and position on court

打球顺序及场地上的位置

After the service is returned, in a rally, the shuttle may be hit by either player of the serving side and either player of the receiving side alternately, from any position on that player's side of the net, until the shuttle ceases to be in play (Law 15).

在一次连续对打中，羽毛球被接发球方接回后，可以被发球一方和接球一方的任意一位球员交替击打，从球员位于球网的一侧的任意位置，直至羽毛球停止(第15款)。

11.3 Scoring and serving

记分与发球

11.3.1 If the serving side wins a rally (Law 7.3), the serving side shall score a point. The server shall then serve again from the alternate service court.

如果发球方赢得一次连续对打（第7.3款），则发球方记一分。发球方从另一个发球区再次发球。

11.3.2 If the receiving side wins a rally (Law 7.3), the receiving side shall score a point. The receiving side shall then become the new serving side.

如果接发球方赢得一次连续对打（第 7. 3 款），则接发球方记一分。接发球方成为新的发球方。

11. 4 Sequence of serving

发球的顺序

11. 4. 1 In any game, the right to serve shall pass consecutively:

在一局中，正确的发球顺序应该是：

11. 4. 2 from the initial server who started the game from the right service court;

首先发球的球员从右发球区开始比赛；

11. 4. 3 to the partner of the initial receiver.

然后轮到首先接发球的球员的同伴；

11. 4. 4 to the partner of the initial server;

然后轮到首先发球的球员的同伴；

11. 4. 5 to the initial receiver;

然后轮到首先接发球的球员；

11. 4. 6 to the initial server and so on.

再回到首先发球的球员，并循环。

11. 5 No player shall serve or receive out of turn, or receive two consecutive services in the same game, except as provided in Law 12.

没有球员会不按以上顺序发球和接发球，也不会在同一局内连续接发球两次，除非是第 12 款的情况。

11. 6 Either player of the winning side may serve first in the next game, and either player of the losing side may receive first in the next game.

上一局的胜方中的仕一名球员都可以在下一局首先发球，同样负方的任一名球员都可以首先接发球。

12 SERVICE COURT ERRORS

发球区错误

12. 1 A service court error has been made when a player:

当某球员发生以下情况时，视为发球区错误：

12. 1. 1　has served or received out of turn； or

不按顺序发球或接发球，或

12. 1. 2　has served or received from the wrong service court；

从错误的发球区发球或接发球。

12. 2　If a service court error is discovered， the error shall be corrected and the existing score shall stand.

如果发现发球区错误，应立即纠正错误，并保持已有分数。

13　FAULTS

违例

It shall be a ‘fault’：

以下情况为“违例”：

13. 1　if a service is not correct （Law 9. 1）；

发球不正确（第9. 1款）；

13. 2　if， in service， the shuttle：

发球时，羽毛球：

13. 2. 1　is caught on the net and remains suspended on its top；

触网并停留在网上；

13. 2. 2　after passing over the net， is caught in the net； or

越过网后，卡在网上；或

13. 2. 3　is hit by the receiver’s partner；

被接发球球员的同伴击打；

13. 3　if in play， the shuttle：

在对打过程中，羽毛球：

13. 3. 1　lands outside the boundaries of the court （i. e. not on or within the boundary lines）；

在球场边界以外落地（例如不是在边界上或边界内）；

13. 3. 2　passes through or under the net；

在球网里或网下越过；

13. 3. 3　fails to pass over the net；

未能过网；

13.3.4 touches the ceiling or side walls;

触到天花板或边墙；

13.3.5 touches the person or dress of a player;

触到球员的身体或衣服；

13.3.6 touches any other object or person outside the court;

触到球场外的任何物体或人；

(Where necessary on account of the structure of the building, the local badminton authority may, subject to the right of veto of its Member Association, make bye - laws dealing with cases in which a shuttle touches an obstruction).

由于球场建筑物的需要，各地可修改关于羽毛球触到障碍物的条款细节。

13.3.7 is caught and held on the racket and then slung during the execution of a stroke;

在一次击球中，球被球拍卡住然后再掷出；

13.3.8 is hit twice in succession by the same player. However, a shuttle hitting the head and the stringed area of the racket in one stroke shall not be a 'fault';

被同一球员连续两次击打，但羽毛球在一次击打中同时击中拍头和有弦区域则不算“违例”；

13.3.9 is hit by a player and the player's partner successively; or

被一方球员及其同伴连续击打；或

13.3.10 touches a player's racket and does not travel towards the opponent's court;

触到球员的球拍，但未能回到对方球场。

13.4 if, in play, a player:

在对打过程中，球员：

13.4.1 touches the net or its supports with racket, person or dress;

球拍、身体或衣服触到球网或支撑物；

13.4.2 invades an opponent's court over the net with racket or person except that the striker may follow the shuttle over the net with the racket in the course of a stroke after the initial point of contact with the shuttle is on the striker's side of the net;

球拍或身体从球网上方进入对方场地，以下情况除外：击球者在击球动作后球拍跟随球越过球网上方且击球点位于本方场地的；

13. 4. 3　invades an opponent's court under the net with racket or person such that an opponent is obstructed or distracted; or

球拍或身体从球网下方进入对方场地，阻碍或干扰了对方的；或

13. 4. 4　obstructs an opponent, i. e. prevents an opponent from making a legal stroke where the shuttle is followed over the net;

阻挡对方，如当球在飞越球网上方时防止对方进行合法的击球动作；

13. 4. 5　deliberately distracts an opponent by any action such as shouting or making gestures;

以任何动作故意干扰对方，如大喊或做手势；

13. 5　if a player is guilty of flagrant, repeated or persistent offences under Law 16;

球员故意重复、持续违反第 16 款。

14　LETS

重发

14. 1　'Let' shall be called by the umpire, or by a player (if there is no umpire), to halt play.

"重发"可以由裁判或球员（没有裁判时）提出，以停止击球；

14. 2　It shall be a "let", if:

以下情况可以"重发"：如果

14. 2. 1　the server serves before the receiver is ready (Law 9. 4);

发球方在接球方准备好前发球（第 9. 4 款）；

14. 2. 2　during service, the receiver and the server are both faulted;

发球时，发球方和接球方都有违例；

14. 2. 3　after the service is returned, the shuttle is:

发球被接回后，羽毛球：

14. 2. 3. 1　caught on the net and remains suspended on its top, or

触网且停留在网顶，或

14. 2. 3. 2　after passing over the net is caught in the net;

过网后被网卡住；

14.2.4 during play, the shuttle disintegrates and the base completely separates from the rest of the shuttle;

击球过程中，羽毛球破裂，球托完全与羽毛分离；

14.2.5 in the opinion of the umpire, play is disrupted or a player of the opposing side is distracted by a coach;

裁判认为比赛混乱，或者一方球员认为被对方教练干扰；

14.2.6 a line judge is unsighted and the umpire is unable to make a decision; or

司线裁判未看清且主裁判不能决定；或

14.2.7 unforeseen or accidental situation has occurred.

任何未预料到的意外情况发生时。

14.3 When a 'let' occurs, play since the last service shall not count and the player who served last shall serve again.

发生“重发”时，最后一次发球后的比赛不计，由最后发球的球员重新发球。

15 SHUTTLE NOT IN PLAY

死球

A shuttle is not in play when:

羽毛球在以下情况下为“死球”：

15.1 it strikes the net or post and starts to fall towards the surface of the court on the striker's side of the net;

羽毛球击打到球网或网柱，并在击球者一方开始向地面下落；

15.2 it hits the surface of the court; or

羽毛球触到球场地面；或

15.3 a 'fault' or a 'let' has occurred.

发生“违例”或“重发”。

16 CONTINUOUS PLAY, MISCONDUCT & PENALTIES

比赛的连续性，不当行为及处罚

16.1 Play shall be continuous from the first service until the match is concluded, except as allowed in Laws 16.2 and 16.3.

从发球开始，直至比赛结束，比赛应持续进行，第 16. 2 和 16. 3 款的情况除外。

16. 2　Intervals：

暂停：

not exceeding 60 seconds during each game when the leading score reaches 11 points；and

每一局当一方先得到 11 分时，暂停不超过 60 秒；且

not exceeding 120 seconds between the first and second game，and between the second and third game shall be allowed in all matches. 第一局与第二局之间，第二局与第三局之间，暂停不超过 120 秒。

（For a televised match，the Referee may decide before the match that intervals as in Law 16. 2 are mandatory and of fixed duration）.

为了电视转播，裁判长有权决定暂停的时长。

16. 3　Suspension of play

中止比赛

16. 3. 1　When necessitated by circumstances not within the control of the players，the umpire may suspend play for such a period as the umpire may consider necessary.

当出现球员不能控制的情形时，裁判可以中止比赛，由裁判判断其必要性；

16. 3. 2　Under special circumstances the Referee may instruct the umpire to suspend play.

特殊情况下，裁判长可以命令裁判中止比赛；

16. 3. 3　If play is suspended，the existing score shall stand and play shall be resumed from that point.

比赛中止后，已有得分将被保持，比赛将从该得分起重新进行。

16. 4　Delay in play

拖延比赛

16. 4. 1　Under no circumstances shall play be delayed to enable a player to recover strength or wind or to receive advice.

球员不得拖延比赛以恢复体力，或接受建议；

16. 4. 2　The umpire shall be the sole judge of any delay in play.

裁判是判定拖延比赛的唯一标准。

16. 5　Advice and leaving the court

建议与离开球场

16. 5. 1　Only when the shuttle is not in play (Law 15), shall a player be permitted to receive advice during a match.

比赛过程中，只有在羽毛球停止击球时（第 15 款），球员可以允许接受建议；

16. 5. 2　No player shall leave the court during a match without the umpire's permission, except during the intervals as described in Law 16. 2.

比赛过程中，没有裁判的许可，球员不得离开球场，除了第 16. 2 款所描述的暂停外；

16. 6　A player shall not:

球员不得：

16. 6. 1　deliberately cause delay in, or suspension of, play;

故意拖延或中止比赛；

16. 6. 2　deliberately modify or damage the shuttle in order to change its speed or its flight;

故意弄坏羽毛球以改变球的速度和飞行特性；

16. 6. 3　behave in an offensive manner; or

采取无礼的行为；或

16. 6. 4　be guilty of misconduct not otherwise covered by the Laws of Badminton.

采取其他未包含在本规则内的不当行为。

16. 7　Administration of breach

犯规的管理

16. 7. 1　The umpire shall administer any breach of Law 16. 4, 16. 5 or 16. 6 by:

裁判负责对第 16. 4，16. 5，16. 6 款的犯规行为执行：

16. 7. 1. 1　issuing a warning to the offending side;

向犯规一方提出警告；

16. 7. 1. 2　faulting the offending side, if previously warned. Two such faults by a

side shall be considered to be a persistent offence; or

对已警告过的犯规方进行罚分。同一方两次以上罚分可被视为连续犯规；

16. 7. 2　in cases of flagrant offence, persistent offences or breach of Law 16. 2, the umpire shall fault the offending side and report the offending side immediately to the Referee, who shall have the power to disqualify the offending side from the match.

对于严重犯规、连续犯规，或违反第 16. 2 款，裁判应对犯规方罚分并立即报告裁判长，裁判长有权判定犯规方丧失比赛资格。

17　OFFICIALS AND APPEALS

各级官员及上诉

17. 1　The Referee shall be in overall charge of the tournament or event of which a match forms part.

裁判长负责全面掌管整个赛事。

17. 2　The umpire, where appointed, shall be in charge of the match, the court and its immediate surrounds. The umpire shall report to the Referee.

主裁判仅负责一场比赛、球场及其周边环境。主裁判应向裁判长汇报。

17. 3　The service judge shall call service faults made by the server should they occur (Law 9. 1).

发球裁判负责指出发球球员的发球违例（第 9. 1 款）；

17. 4　A line judge shall indicate whether a shuttle landed 'in' or 'out' on the line (s) assigned.

司线裁判负责指出羽毛球落地时是在边线的"里"或"外"；

17. 5　An official's decision shall be final on all points of fact for which that official is responsible except that if, in the opinion of the umpire, it is beyond reasonable doubt that a line judge has clearly made a wrong call, the umpire shall overrule the decision of the line judge.

当主裁判有理由怀疑司线裁判错误时，有权更改司线裁判的判决；

17. 6　An umpire shall:

主裁判应：

17. 6. 1　uphold and enforce the Laws of Badminton and, especially, call a 'fault'

or a ‘let’ should either occur;

支持并执行本规则，在发生“违例”或“重发”时要提出；

17.6.2 give a decision on any appeal regarding a point of dispute, if made before the next service is delivered;

在下一次发球之前，对于任何一方的上诉进行判决；

17.6.3 ensure players and spectators are kept informed of the progress of the match;

确保球员和观众清晰获知比赛的进展情况；

17.6.4 appoint or replace line judges or a service judge in consultation with the Referee;

与裁判长商讨后委任或更换司线裁判或发球裁判；

17.6.5 where another court official is not appointed, arrange for that official's duties to be carried out;

当未指定某个官员时，安排人员执行该官员的职责；

17.6.6 where an appointed official is unsighted, carry out that official's duties or play a ‘let’;

当某个指定的官员未看清时，执行该官员的职责，或提出“重发”；

17.6.7 record and report to the Referee all matters relating to Law 16; and

记录下所有第16款相关的事件，并报告裁判长；

17.6.8 refer to the Referee all unsatisfied appeals on questions of law only. (Such appeals must be made before the next service is delivered or, if at the end of the match, before the side that appeals has left the court).

向裁判长上报所有未得到满足的上诉（这些上诉应在下一次发球前，或在比赛结束后投诉方未离开球场前处理）。

二、21 分制双打规则说明

过程及解释	比分	发球区	发球员和接发球员	赢球方	图　示
	0－0	从右发球区发球（因发球方的分数为双数）	A 发球，C 接发球（A 和 C 为首先发球员和首先接发球员）	A 和 B	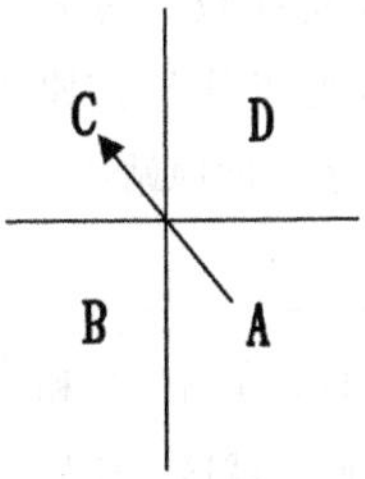
A 和 B 得 1 分。A 和 B 交换发球区，A 从左发球区再次发球。C 和 D 在原发球区接发球	1－0	从左发球区发球（因发球方的分数为单数）	A 发球，D 接发球	C 和 D	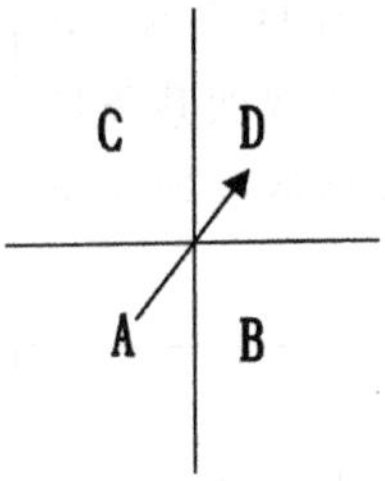
C 和 D 得 1 分，并获得发球权。两人均不改变各自原发球区（即原站位）	1－1	从左发球区发球（因发球方的分数为单数）	D 发球，A 接发球	A 和 B	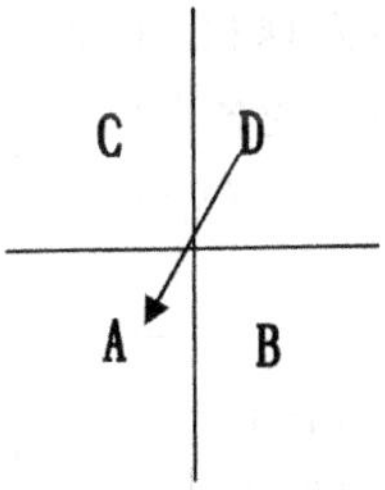
A 和 B 得 1 分，并获得发球权。两人均不改变各自原发球区（即原站位）	2－1	从右发球区发球（因发球方的分数为双数）	B 发球，C 接发球	C 和 D	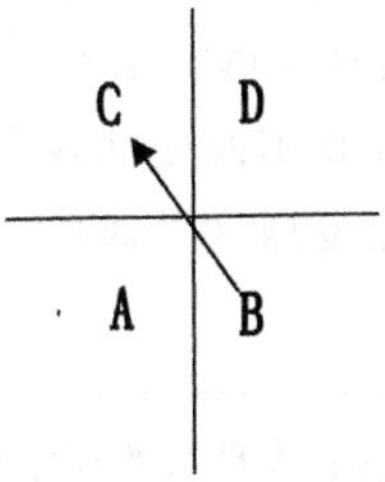

过程及解释	比分	发球区	发球员和接发球员	赢球方	图示
C 和 D 得 1 分，并获得发球权。两人均不改变其各自原发球区（即原站位）	2－2	从右发球区发球（因发球方的分数为双数）	C 发球，B 接发球	C 和 D	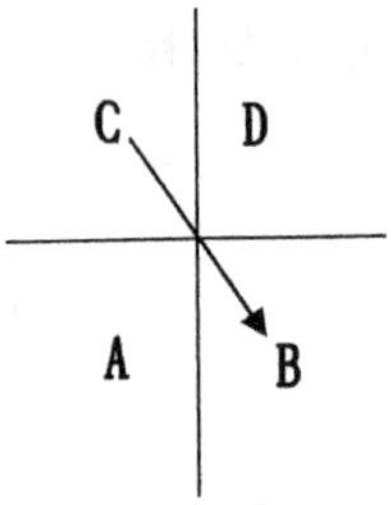
C 和 D 得 1 分。C 和 D 交换发球区，C 从左发球区发球。A 和 B 不改变其各自原发球区（即原站位）	3－2	从左发球区发球（因发球方的分数为单数）	C 发球，A 接发球	A 和 B	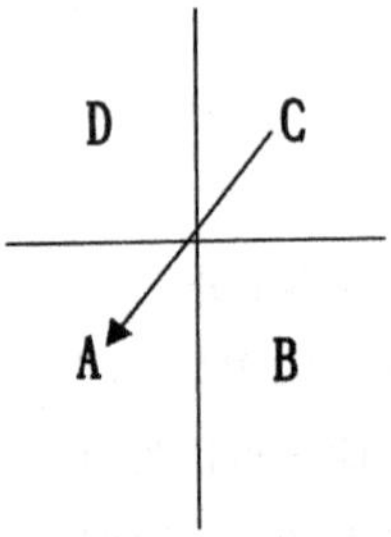
A 和 B 得 1 分，并获得发球权。两人均不改变各自原发球区（即原站位）	3－3	从左发球区发球（因发球方的分数为单数）	A 发球，C 接发球	A 和 B	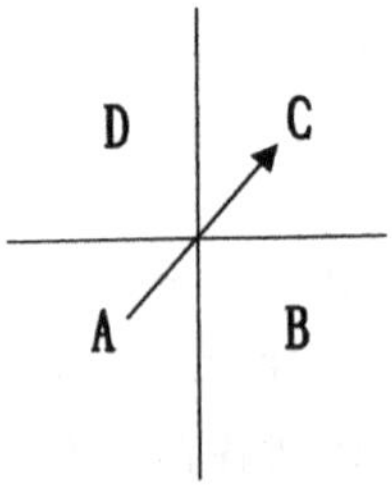
A 和 B 得 1 分。A 和 B 交换发球区，A 从左发球区再次发球。C 和 D 不改变其各自原发球区（即原站位）	4－3	从右发球区发球（因发球方的分数为双数）	A 发球，D 接发球	C 和 D	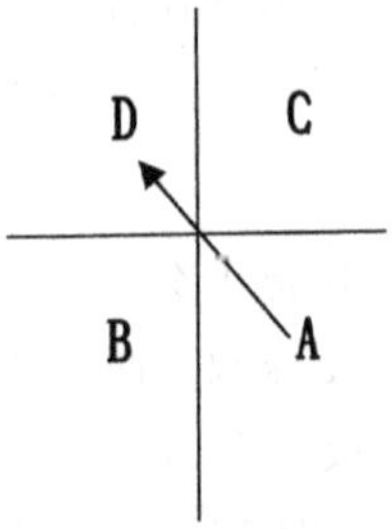

注：发球员的顺序与单打中的顺序一样，即以分数的单数或双数来决定，只有发球方在得分时才交换发球区。除此以外，运动员继续站在上一回合的各自发球区不变，以此保证发球员的交替。

三、standard vocabulary 临场规范用语

This Appendix lists the standard vocabulary that should be used by umpires to control a match

本规范用语，应被裁判员用于控制一场比赛。

1. Announcements and Introductions

宣报及介绍

1. 1 Ladies and Gentlemen, this is:

女士们，先生们，这是：

1. 1. 1 the semi —— final (or final) of the Men's Single (or etc) between

男子单打（或其他）半决赛（决赛）

1. 1. 2 the first singles (or ect) Of the Thomas Cup (or etc) tie between

汤姆斯杯（或其他）第一单打（或其他）比赛

1. 2. 1 on my right…… (player name), and on my left…… (player name)

在我右边……（运动员姓名），在我左边……（运动员姓名）。

1. 2. 2 on my right …… (country/teamname), represented by …… (player name), and on my left…… (country/team name), represented by…… (player name)

在我右边……（国名/队名）……（运动员姓名），在我左边……（国名或队名））……（运动员姓名）。

1. 3. 1 …… (player name) to serve ……

（运动员姓名）发球。

1. 3. 2 …… (country/team name) to serve ……

（国名或队名）发球。

1. 4 …… (player name) to serve to …… (player name) …… (player name) to …… (playername) ˊ

……（运动员姓名）发球，……（运动员姓名）接发球。

2. Start of match and calling the score

比赛开始及报分

2. 1 Love all; play

比赛开始，零比零。

2. 2 Service over

换发球。

2. 3 Second server

第二发球。

2. 4 ……game point……eg：14 game point 6，or 16 game point 14

局点……比…… 例：局点 14 比 6，或局点 16 比 14。

2. 5 ……match point……eg：14 match point 8，or 16 match point 14

赛点……比…… 例：赛点 14 比 8，或赛点 16 比 14。

2. 6 ……game point all……eg：14 game point all，or 16 game point all

局点……平，例：局点 14 平，或局点 16 平。

2. 7 First game won by……（in team event，use name of country/team）……(score)

第一局……胜（团体赛用国名或队名），……（比分）。

2. 8 Second game won by……（in team event，use name of country/team）……(score)

第二局……胜（团体赛用国名或队名），……（比分）。

2. 9 Are you setting?

你要加分吗？

2. 9. 1 Game not set；playing to 15（11）points

不加分，赛至 15（11）分。

2. 9. 2 Setting to 17（13）points

加分赛至 17（13）分。

2. 10 Court……（number）20 seconds

……号球场还有 20 秒。

2. 11 One game all

局数 1 比 1。

2. 12 Court……（number）a five minute interval

……号球场间歇 5 分钟。

2. 13 Court······ （number） two minutes

······号球场还有 2 分钟。

2. 14 Court······ （number） One minute´

······号球场还有 1 分钟。

3. General communication 一般用语

3. 1 Are you ready?

准备好了吗?

3. 2 Come here

到这里来。

3. 3 Is the shuttle OK?

这个球可以吗?

3. 4 Test the shuttle

试球。

3. 5 Change the shuttle

换球。

3. 6 Do not change the shuttle

不换球。

3. 7 Play a let

重发球。

3. 8 Change ends

交换场区。

3. 9 You served out of turn

你发球顺序错误。

3. 10 You received out of turn

你接发球顺序错误。

3. 11 You must not interfere with the shuttle

你不得干扰这个球。

3. 12 The shuttl e touched you

球触及你。

3. 13 You touched the net

你触网。

3. 14 You are standing in the wrong court

你站错区。

3. 15 You distracted your opponent

你分散对方注意力。

3. 16 You hit the shuttle twice

你两次击球。

3. 17 You slung the shuttle

你“拖带”。

3. 18 You invaded your opponent's court

你侵入对方场区。

3. 19 You obstructed your opponent.

你妨碍对方。

3. 20 Are you retiring?

你放弃比赛吗?

3. 21 Fault —— receiver

接发球违例。

3. 22 Service fault called

发球违例。

3. 23 Play must be continuous

继续比赛。

3. 24 Play is suspended

比赛暂停。

3. 25…… (name of player) warning for misconduct

警告,……(运动员姓名)行为不端。

3. 26…… (name of player) fault for misconduct

违例,……(运动员姓名)行为不端。

3. 27 Fault

违例。

3. 28 Out

界外。

3. 29 Line judge —— signal

司线员——做手势。

3. 30 Service judge —— signal

发球裁判员——做手势。

3. 31 First server

第一发球。

3. 32 Second server

第二发球。

3. 33 Wipe the court

擦地板。

3. 34 End of Match

比赛结束。

4. 1 Match won by……（name of player/team）……（scores）

比赛结果……（运动员姓名或队名）胜，……（各局比分）。

4. 2 ……（name of player/team）retired

……（运动员姓名或队名），放弃比赛。

4. 3 ……（name of player/team）disqualified

……（运动员姓名或队名），取消比赛资格。

第二节　羽毛球比赛编排

一般包括单淘汰赛和单循环赛两种。有时也可以综合这两种比赛方法的优点，采用阶段赛方法，即第一阶段分组循环赛，第二阶段淘汰赛。

一、单循环赛

参加比赛的运动员（或队）之间轮流比赛一次，为单循环赛。循环赛由于参加运动员（或队）之间比赛的机会多，有利于相互学习，共同提高，故能比较正确地赛出名次。但循环赛场数多，比赛时间长，使用场地数量也多，因此循环赛的人数（或队）不宜过多。在人数（或队）过多时，可采用分组循环赛的办法。采用分组循环赛时，一般以4~6人（或队）分为一组比较适宜。

（一）轮数和场数

在循环赛中，每一运动员（或队）出场比赛一次，称为“一轮”。当人数（或队）为偶数时，轮数=人数（或队）－1；人数（或队）为奇数时，轮数=人数（或队）。场数=人数（或队）×［人数（或队）－1］/2。

（二）顺序的确定

一组或多组场采用“1号位固定逆时针轮转法”。如果组中有同单位的运动员（队）者，应首先进行比赛。逆时针轮转方法是：1号位置固定不动，其他位置每轮按逆时针方向轮转一个位置，即可排出下一轮的比赛顺序。

例：6人（或队）参加比赛的排法：

当人数（或队）为单数时，用“0”补成双数，然后按逆时针轮转排出各轮比赛顺序。其中遇到“0”者为轮空。

第一轮	第二轮	第三轮	第四轮	第五轮
1—6	1—5	1—4	1—3	1—2
2—5	6—4	5—3	4—2	3—6
3—4	2—3	6—2	5—6	4—5

（三）决定名次的方法

（1）按获胜场数定名次。

（2）两名（对）运动员获胜场数相等，则两者间比赛的胜者名次列前。

（3）三名（对）或三名（对）以上运动员获胜场数相等，则按在该组比赛的净胜局数定名次。

（4）计算净胜局数后，如还剩两名（对）运动员净胜局数相等，则两者间比赛的胜者名次列前。

（5）计算净胜局数后，还剩三名（对）或三名（对）以上运动员净胜局数相等，则按在该组比赛的净胜分数定名次。

（6）计算净胜分数后，如还剩两名（对）运动员净胜分数相等，则两者间比赛的胜者名次列前。

（7）如还有三名（对）或三名（对）以上运动员净胜分数相等，则以抽签定名次。

（8）团体赛按以上办法，依胜次、场数、局数、分数顺序计算成绩。

（四）分组循环赛与种子的分布

在参加人数（或队）较多的情况下，为了不过多增加比赛的场数和延长比赛的日期，又能排定各队的名次，常采用分组循环赛的办法。组数确定后，可用抽签的方法进行分组，也可采用“蛇形排列方法”进行分组。如以团体赛 16 个队分成四组为例，则按下表分组：

第一组 1、8、9、16

第二组 2、7、10、15

第三组 3、6、11、14

第四组 4、5、12、13

上表中的数字是各队的顺序号，它是按照各队实力强弱列的。也就是说，数字越小，实力越强，数字号码相当于该队的名次。

用抽签方法进行分组时，如仍以上述 16 个队为例，则须先确定 4 个或 8 个种子，把种子顺序排列出来，然后按上述“蛇形排列方法”或“抽签方法”进行分组。最后非种子队用抽签方法抽进各组。

二、单淘汰赛

运动员（或队）按编排的比赛秩序，由相邻的两名运动员（或队）进行比赛，败者淘汰，胜者进入下一轮比赛，直至淘汰成最后一名胜者（或队）——冠军，比赛即告结束。

淘汰赛由于比赛一轮淘汰 1/2 的运动员（或队），可使比赛的场数相对减少，所以在时间短、场地少的情况下，采用单淘汰赛能接受较多的运动员（或队）参加比赛，并可使比赛逐步走向高潮，一轮比一轮紧张激烈。按体育竞赛的特点来说，淘汰赛是一种比较好的比赛方法。但由于负一场就被淘汰，所以大部分运动员或队（特别是实力较弱的）参加比赛的机会较少，所产生的名次也不尽合理。

（一）轮数和场数

单淘汰赛的轮数等于或大于最接近运动员人（队）数的 2 的乘方指数，是 2 的几次方即为几轮。场数 = 人（队）数 - 1。

（二）轮空位置的分布

当参加比赛的人（队）数为 4、8、16、32、64 或较大的 2 的乘方指数时，他们应按比赛顺序成双相遇地进行比赛。如下表所示。

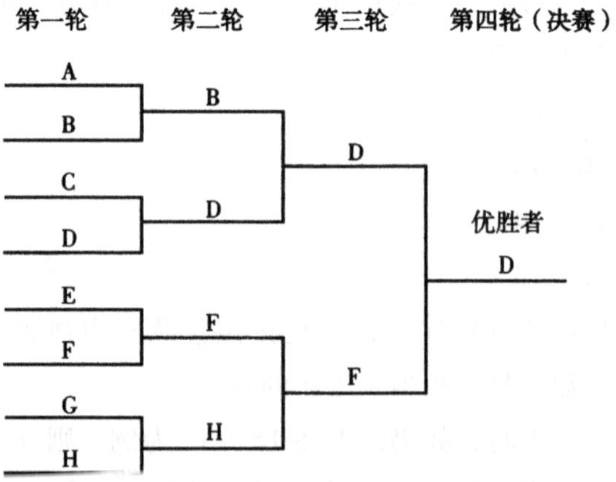

当参加比赛的人（队）数不是 2 的乘方指数时，第一轮应有轮空。轮空数等于下一个较大的 2 的乘方指数减去比赛的人（队）数的差数。轮空数为双数时，应平均分布在比赛图的不同的 1/2 区，1/4 区，1/8 区，1/16 区（种子位置和轮空位置见附表）。如轮空位置为单数，则上半区应比下半区多一个轮空。

例：9 个单位参加比赛，轮空数为 16 - 9 = 7；3 个轮空在下半区，4 个轮空在上半区。这样，第一轮只有一场比赛。如下表所示。

轮空位置分布表

比赛单位数（人或队）	上半区轮空数	下半区轮空数
5	1	2
6	1	1
7	0	1
8	0	0
9	3	4
10	3	3
11	2	3
12	2	2
13	1	2
14	1	1
15	0	1
16	0	0

更多的人（队）数，以此类推。

64 人（队）以下时，应把轮空位置平均分配到 8 个不同的 1/8 区。65 人（队）以上时，应把轮空位置平均分配到 16 个不同的 1/16 区。

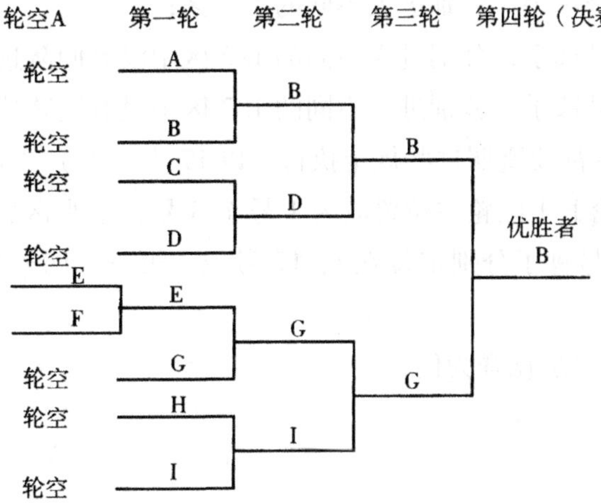

（三）抽签办法

1. 种子数

72个（对）或72个（对）以上运动员（队）参加的比赛，最多设16个种子分布在各个1/16区；32个（对）或32个（对）以上运动员（队）参加的比赛，最多设8个种子分布在各个1/8区；16个（对）或16个（对）以上运动员（队）参加的比赛，最多设4个种子分布在各个1/4区；少于16个（对）运动员（队）参加的比赛，最多设2个种子分布在各个1/2区。种子采用抽签办法进位。

2. 种子的抽签

任何公开比赛都要执行“种子”均匀分布的原则。

（1）只有两个种子时，第一号在1号位，第二号在最后的号位。

（2）4个种子时，第一号和第二号按上述办法定位，第三号和第四号用抽签办法分别进入第二个1/4区的顶部和第三个1/4区的底部。

（3）8个种子时，第一、二、三号和第四号按上述办法定位，其他种子用抽签分别进入还没有抽进种子的各个1/8区内。抽进上半区的，应在第二、第四个1/8区的顶部；抽进下半区的，应在第五、第七个1/8区的底部。

（4）同一队的两名种子选手，应抽进不同的1/2区；同一队的三名或四名种子，应抽进不同的1/4区；同一队的五名至八名种子，应抽进不同的1/8区。

3. 一般运动员的抽签同属一个队的运动员，应按以下办法抽签进位

（1）第一、二号选手，分别进入不同的1/2区；

（2）第三、四号选手，分别进入不同的1/2区中没有同队选手的1/4区；

（3）第五至八号选手，分别进入不同的1/2区中没有同队选手的1/8区。

任何级别的比赛都要遵照这些规定执行。以17人（对）参加比赛为例：

比赛表中第一轮上半区轮空位置应为1号至8号，下半区轮空位置应为11号至17号。第一、二号种子分别定位在1、17号位，第三、四号种子用抽签分别进入5号和13号位。

以33人（对）参加比赛为例：

第一、二号种子分别定位在1、33号位。第三、四号种子用抽签分别进入9号和25号位。第五、六、七、八号种子用抽签分别进入5号、13号、21号和29号位。

（四）附加赛

单淘汰赛只能产生第一名和第二名，如果比赛需要排出第一名和第二名以后的若干名次，则需要另外再增加几场比赛，增加的这几场比赛称为附加赛。附加赛的比赛秩序如下图中的“虚线”部分。

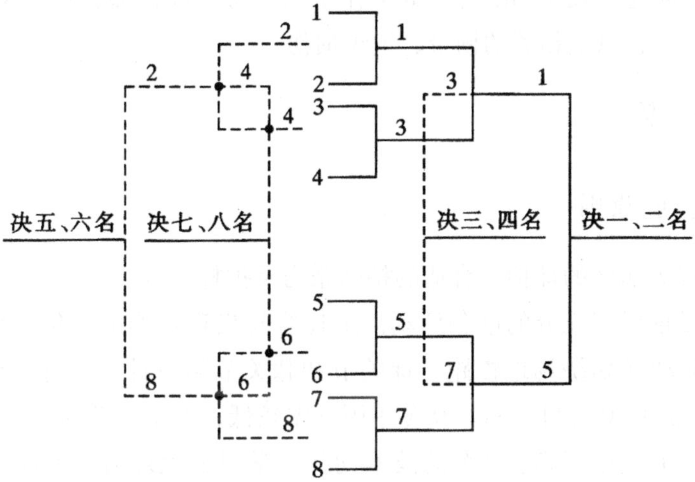

（五）预选赛

遇参加比赛的运动员超过64人（对）时，建议竞赛组织者在竞赛委员会或裁判长监督下进行争夺参加正式比赛资格的比赛：

（1）未被直接安排参加正式比赛的运动员，将参加竞赛组织者安排的旨在进入正式比赛规定位置的预选赛。

（2）建议在正式比赛的抽签位置中，每八个位置最多只能安排一个获得进入正式比赛资格的运动员。

第六章　羽毛球运动常见损伤的预防和一般处理

由于羽毛球运动的特点，下肢需不断移动、起跳，上肢（持拍手）也需不断挥拍击球，同时还需腰腹的配合，如动作不当，易造成腰部、膝、踝关节，手腕、肘部及肩部关节，以及相关的韧带、组织损伤。

一、预　防

（一）一般原则

（1）选择大甜区的球拍、合适的拍弦张力及拍杆硬度。

（2）运动前做好充分的准备活动。上述容易出现损伤的部位，在运动前应充分做好准备活动（如绕场地慢跑、踝关节和膝关节顺时针、逆时针环绕运动、挥空拍等），一般在20分钟左右。秋冬季因气温较低，准备活动的时间也应延长。

（3）掌握并使用正确、规范的技术动作。学习羽毛球时，就应学习和掌握其正确和规范的动作，这不仅是提高羽毛球技术水平的基础，也是减少羽毛球运动损伤的重要因素之一。

（4）控制好运动强度与时间。应根据自身情况，选择合适的运动强度和持续时间。

（5）对场地出现的状况及时处理。由于羽毛球运动中，球员出汗较多，当汗水滴洒在场地上时，要及时擦干，以防滑倒受伤。对于场地突然出现的其他可导致受伤的情况时，应立即停止运动，待处理后再行运动。

（6）对于已经发生损伤，未完全康复的或刚发生损伤的，不能继续运动，须待完全康复后再行运动，以免再次或加重已发生的损伤。

（二）具体措施

1. 手腕损伤的预防

（1）用小哑铃或沙瓶负重做腕部伸展练习，以每次练习时出现手臂酸胀为准，以增加腕部力量次数与重量视个人情况而定。

（2）适当增加球拍的重量绕 8 字练习，加强、改善腕部的肌肉活动能力，练习量视个人情况自行掌握。

（3）用砖头代替重物，发展手指力量。

（4）运动时带上护腕或用弹力绷带加固。

2. 肩袖损伤的预防

将一定重量的物品置于肘部，平举至与肩同高，坚持 1 ~2 分钟为一组，每次 4 ~6 组，可以加强肩部力量和柔韧性。每组间歇时注意放松，放松时肩部进行正压、反拉及前后绕环练习。

3. 膝关节损伤的预防

通过静力或负重半蹲训练，能增强膝盖部位力量，使运动中出现劳损的可能性减小。做这项练习时，膝关节弯曲的角度可由小变大，直到双膝感到疼痛为止。坚持几分钟后，再慢慢加大角度，以出现股四头肌轻微的抖动为极限。运动时可佩戴护膝。

4. 肘关节损伤的预防措施

可采用俯卧静立支撑锻炼方法加强该部位力量。练习时肘部稍弯，做出俯卧撑的姿势，并保持这个姿势直到双手支持不住为止。运动时使用护肘或弹性绷带来防护，击球时肘部不要过直。

5. 踝关节损伤的预防

（1）运动前注意热身，注意运动鞋要松紧适度（不能太松），鞋底软硬适中（既有很好的缓冲作用，也不影响快速移动）。

（2）运动中注意避免足部过度疲劳。

（3）尽量少腾空跳起。

（4）加强踝关节周围肌肉的力量练习，如负重提踵、足尖走、足尖跳。

（5）必要时使用护踝或弹性绷带来防护。

6. 腰肌扭伤的预防

（1）做好准备活动：充分扭动腰部，使腰部肌肉的力量和协调性得到提高。

（2）注意力要集中，扣杀时肌肉不要完全放松，保持一定的紧张度。

（3）掌握正确的技术动作。

（4）加强腰部肌肉力量和伸展性的锻炼，同时还要加强腹肌练习。这些肌肉的增强，可避免本身的损伤，还可保护脊柱，避免脊柱及韧带的损伤。

二、一般处理

（1）当运动中出现任何一种损伤时，应立即停止运动。

（2）当出现一般的肌肉拉伤时，应立即对损伤的部位，进行冷敷或用冷水冲洗，切忌立即按摩或热敷。24～48 小时后，可进行热敷、按摩或外敷药膏。

（3）羽毛球运动中，严重受伤较少出现，但如果出现跟腱断裂、骨折等严重情况，应送医院治疗。